KB251047

물들지 않는 의식

무의식이 쓴 각본을 읽고, 의식이 다시 쓰는 삶

물들지 않는 의식

초판 1쇄 인쇄일 2026년 3월 25일
초판 1쇄 발행일 2026년 4월   8일

지은이 김선해
펴낸이 양옥매
디자인 표지혜
마케팅 송용호
교   정 정혜성

펴낸곳 도서출판 책과나무
출판등록 제2012-000376
주소 서울특별시 마포구 방울내로 79 이노빌딩 302호
대표전화 02.372.1537   팩스 02.372.1538
이메일 booknamu2007@naver.com
홈페이지 www.booknamu.com
ISBN 979-11-6752-783-7 (03180)

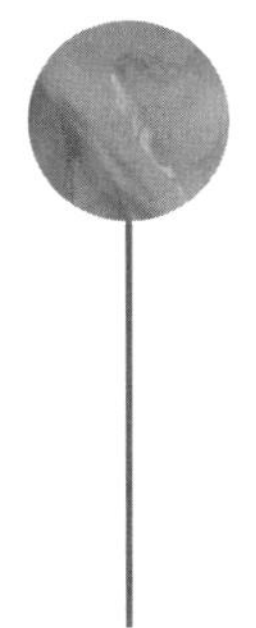

무의식이 쓴 각본을 읽고, 의식이 다시 쓰는 삶

물들지 않는 의식

김선해 지음

이 지도를 그리기까지

우리 삶에는 말로는 다 담아낼 수 없지만 살아가는 흐름을 바꾸는 통찰의 순간들이 있습니다. 제 삶에도 그런 순간들이 있었습니다.

제 삶의 첫 기억은 순수한 감각 그 자체였습니다. 세상은 온통 따스한 노란빛이었고, 저는 폭신한 감촉에 안겨 있었습니다. 어떤 상황인지, 내가 누구인지에 대한 분별은 없었습니다. 그저 따뜻하고 평화로웠습니다. 이 기억은 오랫동안 의미를 알 수 없는 파편으로 떠다니다가, 훗날 창고에서 먼지 쌓인 백일 사진을 발견한 순간 하나의 그림으로 완성되었습니다. 아, 바로 저 순간이었구나. 언어도 생각도 없던 그때에도 모든 것을 맑게 비추는 의식은 이미 저와 함께였습니다. 훗날 제가 '순수한 알아차림'이라 부르게 될 감각의 원형이었습니다.

아주 어렸을 때부터 문득문득 누군가 나를 지켜보고 있다는 감각이 있었습니다. 당시에는 그것을 어떻게 말해야 할지 몰랐지만, 내가 아닌 또 다른 무언가가 제 안에서 모든 것을 바라보고 있다는 느낌이었습니다. 이 감각은 안개 속의 등대처럼, 본격적인 탐구를 시작하기 훨씬 전부터 은은하게 빛나고 있었습니다.

그 알아차림은 초등학생 시절, 텅 빈 집에서 다시 저를 찾아왔습니다. 혼자 거실을 청소하다 문득 시계를 보았습니다. 초침은 쉬지 않고 원을 그리고 있었지만, 그 흐르는 시간 속에서 변하지 않는 무언가를 느꼈습니다. 시간의 흐름과 관계없이 늘 그 자리에 있는 존재감. 모든 것을 지켜보는 고요한 의식. 그 감각에 빠져들다가 거대한 심연으로 빨려 들어갈 것 같은 두려움에 한발 물러섰습니다.

육체의 한계를 넘어서는 의도의 힘을 목격한 것도 그 무렵이었습니다. 학기를 마치고 방학이 되어 사물함의 모든 교과서를 꺼내 목까지 쌓아 들고 집으로 향하던 길이었습니다. 책의 무게에 팔이 떨리고 금방이라도 무너질 것 같았지만, 제 몸은 균형을 유지했습니다. 이를 확인하려 몇 번 의도적으로 내려놓았다가 다시 들기를 반복했습니다. '힘들다'는 감각과 '내려놓겠다'는 선택 사이에는 분명한 간극이 있었습니다. 마음이 포기하지 않는 한, 몸은 의도를 따라 버텨 낸다는 것을 체득한 순간이었습니다.

하지만 이 고요한 알아차림이 언제나 삶의 주인이었던 것은 아닙니다. 대부분의 순간에는 그저 패턴을 관찰할 뿐 행동의 변화로 이어지지는 못했습니다.

어느 날 평소 연락이 없던 친구에게서 집으로 전화가 왔습니다. 사실 그 아이가 저와 제 친한 친구 사이를 질투한다는 것을 어렴풋이 느끼고 있던 터였습니다. 대화를 나누면서 점점 불편하고 어색한 기운이 감돌았습니다. 그 아이가 제 친한 친구를 험담하며 저의 공감을 구하기 시작한 것입니다. 사이를 갈라놓으려는 의도가 뻔히 보였고, 그때 알았습니다. 제 친한 친구가 바로 옆에서 이 통화를 듣고 있다는 것을. 저는 직감적으로 무슨 일이 벌어지고 있는지 알고 있었지만, 결국 그 아이가 원하는 대답을 해 주고 말았습니다.

다음 날, 친한 친구가 찾아왔습니다. "네가 나에 대해서 안 좋게 이야기한 거 들었어." 그 친구의 상처받은 눈빛을 보면서도 저는 또다시 사실을 말하지 못했습니다. 모든 상황을 알고 있다고 말하면 그 친구가 당황하거나 미안해할 것 같았습니다. 무엇보다 그 복잡한 상황을 어떻게 설명해야 할지 막막했습니다. 그래서 그저 미안하다고 사과하며 넘어갔습니다.

'알면서도 왜 진실을 말하지 못했을까?' 이 의문은 오랫동안 저를 따라다녔습니다. 진실을 아는 것과 그것을 행동으로 옮기는 것 사이의 아득한 거리. 오랜 시간이 흘러 내면을 깊이 들여다보고 나서야 비로소 그 이유를 이해할 수 있었습니다. 과묵하고 엄격했던 아버지 밑에서, 갈등을 피하고 침묵으로 평화를 지키는 것이 저의 생존 방식이었습니다. 상처받지 않기 위해 선택했던 그 방식은, 저도 모르는 사이 '관찰은 하되 개입하지 않고, 알아차리되 드러내지 않는' 무의식적인 패턴이 되어 제 삶을 이끌고 있었던 것입니다.

중학생 시절에는 역도선수 생활을 했습니다. 바벨 앞에서는 요행이 통하지 않았습니다. 들 수 있거나 없거나, 둘 중 하나였습니다. 매일 조금씩 무게를 늘려 가며 어제의 나를 넘어섰습니다. 들 수 없는 무게와 두려움이 만든 무게는 달랐습니다. 역도는 제게 몸과 마음의 한계를 넘는 경험과 함께, 아는 것과 되는 것 사이에는 건너야 할 강이 있다는 것을 가르쳐 주었습니다. 그 강을 건너는 데는 서두르지 않고 매일 한 걸음씩 나아가는 인내가 필요했습니다.

고등학생이 되면서 저는 일상의 감정도 깊이 들여다보기 시작했습니다. 한번은 친구 생일에 초대받은 일이 있었습니다. 그런데 왜인지 가면서 알 수 없는 거부감이 올라왔습니다. 축하해야 할 순간에 왜 미운 마음이 드는가. 저는 멈춰 서서 그 감정의 뿌리를 따라가 보았습니다. 표면에는 그 친구가 주변을 의식하지 않고 아이처럼 행동하는 모습에 대한 불편

　　　　　　　　　　　　　　　저자의 말

함이 있었습니다. 하지만 더 깊이 들여다보니 그 아래 진짜 이유가 있었습니다.

종종 뵈었던 그 친구의 아버지는 딸 친구들까지 다정하게 챙기시는 분이셨습니다. 그런 환경에서 자란 친구는 어디서든 경계 없이 편안했습니다. 반면 저는 스스로를 쉬이 놓아주지 못하는 아이였습니다. 친구의 자유로움이 불편했던 것은 그것이 제가 스스로에게 금했던 것이기 때문입니다. 이를 인식한 순간 미움이 사라졌습니다. 친구가 아니라, 제 마음이 그 감정을 만들고 있었던 것입니다.

마침내 성인이 되어 독립하자, 오랫동안 품어 왔던 근본적인 질문들을 자유롭게 탐구할 수 있게 되었습니다. '삶은 무엇이고 사람은 왜 사는가, 이 모든 것을 관찰하는 나는 누구인가.' 이러한 질문에 답을 찾기 위한 본격적인 여정을 시작했습니다. 동서양의 지혜를 탐독했고, 두 곳의 수행처에서 10여 년간 저 자신과 마주했습니다.

첫 번째 수행처에서의 7년은 몸과 마음의 에너지를 정화하며 자아 패턴과 삶의 드라마에서 벗어나는 여정이었습니다. 감정에 휩쓸리거나 내면의 갈등이 일어날 때마다 멈춰 서서 그 고통의 근원을 들여다보았습니다. '이것의 본질은 무엇인가?' 질문의 끝에는 언제나 같은 발견이 기다리고 있었습니다. 모든 고통의 구조가 밖이 아닌 내 안에 있다는 것. 7년이 흐른 뒤 그곳을 떠날 무렵, 저는 감정의 파도가 몰아쳐도 중심을 잃지 않는 사람이 되어 있었습니다.

그렇게 감정적으로는 자유롭고 충만해졌지만, 어딘가 아직 끝나지 않은 무언가가 있었습니다. 때마침 오래전부터 알고 신뢰하던 곳에서 집중수행을 한다는 소식을 들었습니다. 소박하지만 진중한 그곳의 분위기에 이끌려 두 번째 수행처로 향했습니다.

그곳에서 보낸 3년은 단순하면서도 깊이 있었습니다. 매 순간 일어나는 마음을 섬세하게 알아차리는 훈련을 하며, 미묘하게 자리하고 있던 중심의 구조가 보이기 시작했습니다. 개인의 욕망이나 조건화된 패턴들로부터는 자유로워졌지만, '수행하는 자'라는 마지막 동일시가 여전히 남아 있었습니다.

그리고 마침내 그 지켜보는 자마저 사라지는 경험이 일어났습니다. 깊은 명상 중에 일어난 일이었습니다. 어떻게 그 상태로 들어갔는지는 기억나지 않습니다. 다만 명상이 깊어지다가 어느 순간, 모든 경계가 사라졌습니다. 호흡도, 생각도, 시간의 흐름도 없는 절대 고요. '나'라고 부를 수 있는 중심점도, 그것을 인식하는 의식도 없었습니다. 그 상태에서 돌아왔을 때, 한동안 멍하니 있었습니다. 시간이 지나자 조금씩 분명해

　　　　　　　　　　　　　　　　저자의 말

졌습니다. 내가 '나'라고 믿었던 자아의 중심은 고정된 실체가 아니라 매 순간 새롭게 일어나는 하나의 '현상'이었고, 분리라는 것 자체가 마음이 만든 구조였습니다.

그날 이후 근본적인 전환이 일어났습니다. 어린 시절에는 문득문득, 수행을 거듭하며 점차 안정되어 갔던 그 알아차림이, 이제는 일상 속에서도 지속되는 삶의 바탕이 되었습니다. 그 변화를 가장 명확히 느낀 순간이 있었습니다.

누군가 저를 비판하는 말을 들었을 때, 가슴 한가운데 날카로운 통증이 일어났지만, 그것을 보는 의식은 흔들림 없이 그저 일어나는 반응을 관찰하고 있었습니다. 그렇게 보고 있자 통증이 서서히 사라졌습니다. 시간이 흐른 후 비슷한 상황이 다시 찾아왔을 때는 통증의 강도가 약해져 있었고, 더 시간이 지나자 그 특정 패턴은 완전히 사라졌습니다. 다른 조건화된 반응들은 때때로 여전히 일어났지만, 이제는 그것조차 일어났다 사라지는 하나의 현상일 뿐이었습니다.

그 이후로 7년간 수많은 사람과 함께했습니다. 상처와 하나 되어 고통받던 이들이 본래의 온전함을 회복하는 과정을 안내하며, 개인적 고통에서 시작해 진정한 자유로 나아가는 여정을 지켜보았습니다. 그들의 진실되고 용기 있는 변화가 이 책을 쓰게 한 영감이자 이 책에 담긴 원리들을 검증하는 살아 있는 증거가 되었습니다.

이것이 제가 걸어온 길입니다. 그 모든 여정에서 발견한 하나의 단순한 진실을 이제 당신과 나누고자 합니다.

어린 시절부터 저와 함께했던 그 고요한 의식, 어떤 경험에도 물들지 않는 순수 의식은 특별한 사람들에게만 주어진 선물이 아닙니다. 지금 이 순간 당신 안에도 그것이 있습니다. 다만 상처와 바쁜 일상에 가려져 있을 뿐입니다.

그 맑은 의식이 있음에도 우리는 여전히 낡은 패턴 속에서 살아갑니다. 제가 친구의 험담 앞에서 침묵을 선택했듯이, 우리는 알면서도 익숙한 길로 돌아가곤 합니다. 바벨 앞에서 배운 단순한 진실이 있습니다. 아는 것과 되는 것 사이에는 건너야 할 강이 있고, 그 강을 건너는 데는 시간이 필요하다는 것. 서두르지 않고 매일 한 걸음씩 나아갔듯이, 내면의 변화도 그런 인내를 요구합니다.

이 책은 그 사이를 걷는 지도입니다. 어둠 속 등대처럼 저를 이끌었던 그 빛이 이제 당신의 길을 비추기를 바랍니다. 일상 속에서 문득 멈추고 숨 쉬는 순간이 늘어나기를, 낡은 패턴이 올라와도 '아, 또 너구나.' 하고 알아차리는 여유가 생기기를. 그렇게 당신의 평온한 존재가 만나는 이들에게도 작은 쉼이 되기를 진심으로 기원합니다.

                                      저자의 말

당신은,
어느 세계에 살고 있습니까?

우리는 같은 시공간을 살아가는 것처럼 보이지만, 저마다 전혀 다른 세계를 경험합니다. 같은 회사, 같은 가정, 같은 도시에 살면서도 어떤 이는 불안과 공허 속을 서성이고, 또 다른 이는 평온과 충만함 속에서 살아갑니다. 이 차이를 만드는 것은 외부 환경이 아닙니다. '지금 이 순간, 내 의식이 어떤 상태에 있는가.' 그것이 내가 경험하는 세계를 결정합니다.

그런데 많은 이들이 자신의 의식 상태를 인식하지 못한 채 살아갑니다. 상사의 비판에 움츠러들고, 가족 앞에서는 정해진 역할에 갇히며, 새로운 만남에서도 익숙한 반응을 되풀이합니다. 늘 비슷한 상황에서 무너지고, 후회할 줄 알면서도 같은 선택을 반복합니다. '나는 원래 이런 사람이야.', '어차피 달라지지 않을 거야.'라고 되뇌는 순간, 변화의 가능성은 사라지고 익숙한 고통만이 남습니다.

이는 노력이나 의지가 부족해서가 아닙니다. 우리는 세상을 헤쳐 나가는 법은 익혔지만, 정작 자신의 내면을 항해하는 법은 배운 적이 없습니다. 언제 왜 이런 감정이 밀려오는지, 무엇이 나를 움직이게 하는지조차 모르는 채 살아갑니다. 나침반 없이 망망대해로 나선 배처럼, 우리는 '자기 자신'이라는 내면에서 길을 잃은 채 표류합니다.

그렇다면 무엇이 이 반복되는 굴레에서 벗어나게 할까요? 답은 의외로 단순합니다. 바로 '알아차림'입니다. 화가 나면서도 '아, 내가 화가 났구나.'라고 알아차리는 순간, 우리는 더 이상 그 화에 완전히 휩쓸리지 않게 됩니다. 이 작은 반응이 변화의 시작입니다.

의식은 맑은 물과 같습니다. 물은 어떤 색을 부어도 그 색으로 물들어 보입니다. 우리 역시 살아가며 수많은 경험의 색채로 물듭니다. 기쁨의 황금빛, 슬픔의 푸른빛, 분노의 붉은빛. 그렇게 물들다 보면 어느새 그 색이 원래 나의 모습이라고 믿게 됩니다.

그러나 물 자체는 본래 투명합니다. 색이 아무리 짙어도 물의 본성을 바꾸지는 못합니다. 알아차림은 새로운 것을 더하지 않습니다. 다만 물든 것을 흘려보낼 뿐입니다. 흘려보낼수

　　　　　　　　　　　　　　　　들어가며

록 처음부터 그곳에 있던 투명함이 스스로 드러납니다. 이것이 바로 이 책의 제목, '물들지 않는 의식'의 의미입니다. 이것은 먼 곳에 있는 이상이 아니라 지금 이 순간에도 만날 수 있는 우리의 본래 모습입니다.

이제 구체적인 여정을 시작합니다. 우리가 함께 걸어갈 길은 단순히 불편한 감정을 잠재우는 것이 아니라, 삶을 보는 관점 자체를 바꾸는 과정입니다. 그 시작은 당신의 현재 위치를 파악하는 것입니다. 우리 내면에는 날씨처럼 시시각각 변하는 의식의 상태가 있고, 계절처럼 서서히 변화하는 성장의 단계가 있습니다. 이 둘을 함께 보면 비로소 자신의 내면 지도가 그려집니다.

그다음은 의식이 작동하는 원리를 이해하는 것입니다. 왜 우리는 늘 같은 자리로 돌아오는지, 왜 다른 상황에서 비슷하게 반응하는지, 그 숨겨진 이유를 발견하게 될 것입니다. 마지막은 이 모든 이해를 바탕으로 실제 변화를 만드는 것입니다. 상처를 외면하지도, 그것에 매몰되지도 않으면서 지혜로 승화시키는 방법을 익히게 될 것입니다.

변화는 거창한 결심에서가 아니라, 작지만 꾸준한 알아차림을 통해 시작됩니다. 처음에는 무의식적으로 반응하는 시간이 훨씬 더 길 것입니다. 하지만 그것을 알아차린 바로 그 순간이 이미 변화의 시작입니다. 중요한 것은 완벽함이 아닙니다. 자동 반응에 빠졌다가도 다시 알아차리기를 반복하며, 그 알아차림의 순간을 조금씩 늘려 가는 것입니다.

이 알아차림의 빛이 비추기 시작하면, 인식하지 못했던 것이 보이기 시작합니다. 분노의 심층에는 정의를 향한 순수한 에너지가, 두려움 속에는 자신을 보호하려는 지혜가 숨어 있음을 발견하게 됩니다. 진정한 변화는 이 에너지를 억압하는 것이 아니라, 그 근원을 이해하고 본래의 모습으로 흐르도록 길을 터 주는 일입니다.

그리고 이 모든 경험이 일어나고 사라지는 것을 지켜보는 바로 그 알아차림은, 어떤 경험에도 물들지 않습니다. 그것이 폭풍 같은 분노든, 깊은 슬픔이든, 황홀한 기쁨이든, 알아차림은 그저 모든 것이 나타났다가 사라지는 과정을 묵묵히 비출 뿐입니다.

이것이 우리가 함께 걸어갈 길입니다. 그 길에 이 책이 신뢰할 수 있는 안내자가 되기를 바랍니다. 내면의 평화와 자유는 멀리 있지 않습니다. 이 글을 읽는 바로 이 순간이 시작입니다. 이제 그 길로 당신을 초대합니다.

이 책 곳곳에 자기점검표가 있습니다.
책에 직접 표시하며 읽어도 좋고,
아래 QR코드를 통해 온라인에서 점검할 수도 있습니다.

온라인 도구는 시간이 흐른 뒤 다시 점검했을 때,
이전의 나와 지금의 나를 비교해 볼 수 있게 해줍니다.
변화는 종종 너무 느려서 스스로 알아차리기 어렵습니다.
기록이 그 변화를 비춰 줍니다.

목
차

진단:

나는 지금 어디에 서 있는가?

1장

내면의 날씨
: 당신이 매일 오가는 여섯 세계

오늘 아침, 당신은 어떤 마음으로 하루를 시작했나요? 햇살처럼 맑고 가벼운 기분이었을 수도 있고, 먹구름처럼 무겁고 답답한 마음이었을 수도 있습니다. 우리는 이런 마음의 상태를 흔히 '기분'이라고 부르며 쉽게 지나치지만, 사실 그것은 당신이 그 순간 머물고 있는 '내면의 세계'를 보여 주는 중요한 신호입니다.

똑같은 빨간 신호등 앞에서도 어떤 날은 필요한 쉼표처럼 여겨지고, 어떤 날은 '왜 하필 나만 걸리는 거야.'라는 짜증이 치밀어 옵니다. 신호등은 그대로인데, 그것을 받아들이는 우리 내면의 날씨가 달라진 것입니다. 이처럼 우리는 같은 현

　　　　　1부 진단: 나는 지금 어디에 서 있는가?

실을 살면서도 매 순간 다른 내면의 세계에서 살아가고 있습니다.

내면을 탐험하는 여정에서, 때로는 가장 오래된 지도가 깊은 통찰의 길을 알려 줍니다. 불교에서는 중생이 윤회하는 여섯 가지 세계를 '육도'라고 부릅니다. 전통적으로 이것은 죽음 이후에 업에 따라 다시 태어나는 곳을 의미했습니다.

하지만 현대의 많은 불교 스승들은 육도를 '우리가 살아가며 경험하는 마음의 상태'로 해석합니다. 아침에 상사의 비난을 듣고 분노에 휩싸일 때, 우리는 이미 지옥을 경험하고 있습니다. SNS를 스크롤하며 끝없이 무언가를 갈망할 때, 우리는 아귀의 세계에 머물고 있습니다. 평화로운 명상 중에는 천상의 기쁨을 맛보기도 합니다.

이 책에서는 육도를 '내면의 날씨'로 바라보며, 마음의 풍경을 탐험합니다. 육도는 크게 세 가지 영역으로 나눌 수 있습니다. 지옥도, 아귀도, 축생도, 아수라도로 이루어진 '물든 세계'는 자동 반응이 지배하는 영역으로, 두려움과 결핍의 의식에 갇혀 있습니다. 인간도는 '전환의 세계'로, 고통과 기쁨이 공존하는 균형의 지점입니다. 천상도는 '맑은 세계'로, 사랑과 평화의 의식이 자연스럽게 흐르지만, 이 맑음조차 미세한 물듦입니다. 투명한 유리잔이 여전히 유리잔인 것처럼 말입니다. 그럼 이제부터 의식이 가장 강렬하게 물드는 네 가지 세계를 하나씩 탐험해 봅시다.

▶ 물든 세계의 네 가지 날씨

● 지옥도

지옥도는 분노의 폭풍이 몰아치는 세계입니다. 여기서 핵심은 '분리의 환상'입니다. 자신과 세계를 적대적 관계로 인식하는 이원적 의식 구조가 모든 경험을 위협으로 해석합니다. 맹렬한 분노가 모든 것을 태웁니다. 아침에 커피를 쏟았을 때, 하루 전체가 망했다고 느끼며 모든 것에 짜증이 납니다. 교통 체증 속 다른 운전자의 사소한 실수가 인격적 모욕처럼 느껴집니다.

지옥도는 세 가지 메커니즘으로 작동합니다. 투사를 통해 내면의 거부된 측면들을 외부로 투영하여 세상이 나를 공격한다고 믿습니다. 반추를 통해 부정적 경험을 끊임없이 되새김질하며 분노의 불씨를 지핍니다. 나아가 외부를 향한 분노가 차단되면 그 에너지는 자신을 향해 돌아와 자기혐오의 늪을 만듭니다. 반복되는 자기비난이 정신을 소진시킵니다.

　　　　　　　　1부 진단: 나는 지금 어디에 서 있는가?

지옥도의 아이러니는 이것이 안전을 추구하는 왜곡된 방어라는 점입니다. 상처받지 않기 위해 먼저 공격하고, 버림받지 않기 위해 먼저 거부합니다. 하지만 이 방어가 오히려 더 깊은 고립을 만들어 내고, 고립은 다시 위협감을 증폭시키는 악순환을 형성합니다. 분노 아래에는 깊은 두려움과 무력감이 숨어 있지만, 그것을 직면하기보다는 분노로 덮어 버리는 것이 이 세계의 전략입니다.

● 아귀도

아귀도는 끝없는 갈증의 사막입니다. 여기서는 '근원적 결핍감'이 의식을 지배합니다. 존재 자체가 충분하지 않다는 깊은 불안이 의식의 바닥을 이루고 있어, 아무리 채워도 채워지지 않는 무한한 갈증을 만들어 냅니다. SNS를 닫고 5분 후 다시 열며, 무엇을 찾는지도 모른 채 스크롤합니다. 온라인 쇼핑몰을 배회하며 필요하지도 않은 물건을 장바구니에 담습니다.

이 세계의 의식은 바깥에서 채워야 한다는 믿음에 붙들려 있습니다. 내면의 공허를 외부 대상으로 메우려 하지만, 외부에서 온 것은 결코 내면의 구멍을 채울 수 없다는 것을 모릅니다. 채워지는 순간에만 잠시 안도감을 느끼지만, 그것은 곧 사라지고 더 큰 갈망이 뒤따릅니다. 행복이 소유에서 온다는 착각, 더 많이 가지면 더 안전해진다는 믿음, 외부의 인정이 내적 가치를 결정한다는 환상이 이 세계를 지배합니다.

실제로 이런 끝없는 욕망의 뿌리에는, 본래 온전한 자기 본성을 알지 못하는 데서 오는 근원적 결핍감이 있습니다. 그 결핍감은 사랑과 연결에 대한 갈망으로 표현되기도 합니다. 충만함은 더 많이 가지는 것이 아니라, 있는 그대로의 자기 본성을 알아차리는 데서 옵니다. 그것을 알지 못하는 한, 이 메마른 사막을 벗어날 수 없습니다.

● 축생도

축생도는 무의식적 관성의 늪입니다. 이 세계를 특징짓는 것은 의식의 마비입니다. 과도한 자극이나 반복적 고통에 지친 신경계가 스스로를 보호하기 위해 감각을 차단한 상태입니다. 이것은 게으름이 아니라 소진된 의식의 동면입니다. 알람이 울려도 침대에서 일어날 이유를 찾지 못합니다. 하루가 어떻게 지나갔는지 기억나지 않습니다.

의식은 절전 모드에 들어갑니다. 생각하는 것, 느끼는 것, 선택하는 것 모두가 에너지를 소모하기에, 의식은 습관적 패턴에 자신을 맡깁니다. 기쁨도 슬픔도 느끼지 못하고 모든 것

 ○   1부 진단: 나는 지금 어디에 서 있는가?

이 회색빛으로 바래진 채, 의식 없이 관성만으로 하루를 보냅니다. 왜 사는지, 무엇을 위해 사는지에 대한 질문조차 사라집니다.

축생도를 유지시키는 것은 학습된 무기력입니다. 반복된 좌절과 실패의 경험이 '어차피 안 될 거야.'라는 신념을 만들고, 이 신념이 시도 자체를 차단합니다. 의미를 찾는 것을 포기하고, 그저 하루하루를 버티는 것만이 목표가 됩니다. 축생도는 깊은 휴식을 갈망하는 내면의 신호일 수 있습니다. 진정한 휴식과 무감각한 마비를 구분하지 못할 때, 이 안개 속에서 길을 잃게 됩니다.

● 아수라도

아수라도는 끝없는 비교의 전쟁터입니다. 이 세계의 근원에는 상대적 정체성이 자리합니다. 자신의 가치를 그 자체로 인식하지 못하고 오직 타인과의 비교를 통해서만 확인하려는 의식입니다. 존재는 경쟁이고, 삶은 끝없는 순위 싸움입니다. 동료의 승진 소식을 들으면 축하보다 불안이 먼저 밀려옵니다. SNS에서 타인의 성공을 보면 나의 부족함이 선명해집니다.

이 세계의 의식은 이원적 위계로 세상을 봅니다. 모든 것이 우월과 열등, 승자와 패자로 나뉩니다. 타인의 이득은 자동으로 나의 손실로 해석되고, 모든 관계와 상황을 우열의 서열로 환산합니다. 이기고도 만족이 없습니다. 끝없이 이겨야 하는 강박에 빠집니다. 아수라도의 질투는 근본적으로 자기 존재의 불안에서 비롯됩니다. 타인의 인정 없이는 스스로를 긍정할 수 없는 의존적 자아가 만들어 낸 고통입니다. 외부의 인정은 늘 조건적이고 가변적이어서, 그것에 기댄 자존감은 끊임없이 흔들립니다. 각자의 존재 자체가 이미 충분하고 완전하며, 그 고유성은 비교의 대상이 될 수 없다는 것을 체득할 때, 이 소모적인 전쟁에서 벗어날 수 있습니다.

▶ 전환의 세계와 맑은 하늘

● 인간도

선택의 가능성이 열리는 특별한 공간입니다. 여기서 가장 주목할 점은 양극성의 통합입니다. 고통과 기쁨, 어둠과 빛이 모두 존재하되 어느 한쪽에 완전히 압도되지 않는 균형점입니다. 이 미묘한 균형 자체가 의식을 깨어 있게 합니다.

여기서 가장 중요한 것은 자기 성찰 능력의 출현입니다. 생

각하고 감정을 느끼는 자신을 인식하는 메타인지가 활성화
됩니다. 이것은 단순한 지적 능력이 아니라, 반응의 사슬에서
벗어나 선택할 수 있는 공간을 만드는 의식의 진화입니다. 단
순한 생존이나 쾌락을 넘어서 '왜'라는 질문을 던지기 시작합
니다. 고통에도 의미가 있을 수 있고 기쁨도 무의미할 수 있
다는 것을 발견합니다.

무엇보다 인간도는 변화의 관문입니다. 물듦에서 벗어나
더 맑은 상태로, 나아가 모든 물듦을 초월하는 자유로 향할
수 있는 유일한 통로입니다. 이곳의 불안정성과 불확실성을
견디지 못하면, 다시 깊은 물듦으로 떨어지게 됩니다.

● 천상도

통합 의식을 처음 경험하는 세계입니다. 이곳에서는 분리
감의 일시적 초월이 일어납니다. 주체와 객체, 나와 너의 경계
가 흐려지면서 모든 것이 하나로 연결된 전체성을 경험합니
다. 판단과 평가가 멈추고, 있는 그대로의 현실이 완전하다는
것을 직접 체험합니다. 사랑과 연민이 노력 없이 자연스럽게
흐르고, 기쁨이 이유 없이 솟아납니다. 조건 없는 수용의 상
태가 지속되면서, 외부의 자극에 흔들리지 않는 본연의 평화
가 내면 깊은 곳에서부터 고요히 흘러나옵니다.

천상도의 경험에는 서로 다른 두 가지의 길이 있습니다. 첫 번째는 분노를 느끼기 시작할 때 '나는 평화다.'라는 확언으로 그것을 덮고, 호흡법으로 긴장을 일시적으로 누그러뜨리고, '모든 것은 완벽하다'는 관념에 자신을 맞추는 것입니다. 상처를 직면하는 대신 긍정적인 생각으로 그것을 묻고, 그림자를 통합하는 대신 빛의 이미지로 덮어 버리는 것입니다. 이것을 영적 우회라고 부릅니다. 자신의 상처, 미해결된 감정, 어두운 그림자를 직면하는 고통스러운 과정을 건너뛰고, 영적인 개념이나 긍정적인 상태 뒤로 숨으려는 무의식적 전략입니다.

놀라운 것은, 이 길도 평화를 경험할 수 있다는 점입니다. 진짜 평화처럼 느껴집니다. 심지어 더 빠르고 쉽게 올 수도 있습니다. 명상하면 실제로 고요해지고, 영적 개념을 되뇌면 실제로 가벼워지며, 의식 상승 기법을 쓰면 실제로 황홀감이 옵니다. 하지만 이 평화는 미해결된 감정의 앙금을 그대로 둔 채, 그 위를 덮고 있는 일시적인 평온일 뿐입니다. 화산 위에 지은 정원처럼, 아름답지만 불안정합니다.

그런데 또 다른 길이 있습니다. 어둠을 정직하게 통과한 후 자연스럽게 열리는 길입니다. 지옥도의 분노를 충분히 느끼고, 왜 화가 났는지 이해하고, 그 아래 숨은 상처를 만나고, 그것을 온전히 껴안았을 때 찾아오는 평화입니다. 아귀도의 끝없는 갈망 속에서 진짜 허기가 무엇인지 발견하고, 축생도의 무지 속에서 자신의 패턴을 알아차리고, 인간도의 고통 속에서 의미를 발견한 후에 도달하는 고요함입니다.

이 평화는 견고합니다. 감정의 밑바닥을 통과했기 때문입니다. 억압된 것이 없고, 회피한 것이 없기에 흔들림 없이 머물 수 있습니다. 일상의 도전과 스트레스 속에서도 평온함을 유지합니다. 타인의 고통을 만나도 무너지지 않고 함께할 수 있으며, 자신의 어둠을 다시 만나도 두렵지 않습니다. 이미 통과한 길이기 때문입니다.

두 길의 차이는 시간이 지나며 분명하게 드러납니다. 우회로 얻은 평화는 명상 루틴, 영적 환경, 긍정적 믿음과 같은 특정 조건에 의존하기 때문에, 그 조건에서 벗어나는 순간 쉽게 위협받고 무너집니다. '이 상태를 잃을까 봐' 불안 속에서 수행에 집착하게 되고, 그것을 놓치면 곧바로 예전 상태로 돌아갑니다. 이렇게 억압된 감정은 결국 다른 형태로 터져 나옵니다. 신체 증상으로, 관계의 파괴로, 갑작스러운 붕괴로.

진정한 통합의 길을 걸었다고 해서 물듦에서 완전히 자유로운 것은 아닙니다. 어둠을 정직하게 통과하고 진짜 평화를 얻은 사람도, 그 경험에 집착하는 순간 새로운 덫에 걸립니다. 이것이 바로 영적 교만입니다. '나는 통과했고 너희는 아직 모른다'는 우월감, '나는 깨달았다'는 정체성에 대한 집착이 일어나면, 천상도는 교묘한 형태의 아수라도가 됩니다.

영적 우회와 영적 교만은 다릅니다. 우회는 어둠을 통과하는 과정을 건너뛴 것이고, 교만은 과정은 거쳤지만 그 성취에 집착하는 것입니다. 둘 다 결국 천상도의 평화를 놓치게 만듭니다. 평화를 붙잡으려는 순간 평화는 사라지고, 깨달음을 소유하려는 순간 그것은 또 하나의 덫이 됩니다.

그럼에도 천상도의 진정한 가치는 분명합니다. 우리 의식이 물든 세계에 갇힌 것이 아니라, 더 넓고 맑은 상태로 확장될 수 있다는 가능성을 체험하게 해 주기 때문입니다. 비록 이것도 하나의 물듦이지만, 이 경험은 본질적인 자유를 향한 중요한 이정표가 됩니다.

진정한 통합은 빛과 어둠 모두를 껴안을 때 일어납니다. 우회하지 않고 정직하게, 집착하지 않고 자유롭게. 우리가 앞으로 탐험할 여정은 이 어둠을 정직하게 통과하는 과정입니다. 이것은 결코 건너뛸 수 없는 다리입니다. 하지만 이 다리를 온전히 건넌다면, 우리는 비로소 천상도를 넘어선 자유를 만나게 됩니다.

▶ 날씨를 넘어서

이 모든 세계는 의식이 경험하는 일시적 상태들입니다. 하지만 그 모든 상태가 지나가도 변하지 않는 자리가 있습니다. 바로 모든 날씨를 품는 하늘처럼 모든 경험을 비추는 순수한 '의식'입니다.

당신은 이미 이것을 알고 있습니다. 분노에 휩싸여 있을 때도 '아, 내가 지금 화가 났구나.'라고 알아차리는 그 의식. 깊은 슬픔 속에서도 그 슬픔을 지켜보는 시선. 기쁨에 도취되어 있으면서도 그것이 영원하지 않음을 아는 자각. 이 모든 경험의 배경에서 조용히 깨어 있는 그것이 바로 당신의 본래 얼굴입니다.

이것은 천상도보다 더 좋은 일곱 번째 세계가 아닙니다. 모든 세계가 나타나고 사라지는 공간, 모든 날씨가 지나가는 하늘 자체입니다. 지옥도의 분노도, 천상도의 평화도 모두 이 공간 안에서 일어나는 일시적 현상입니다.

잠시 멈추고 지금 이 순간을 관찰해 보세요. 이 글을 읽고 있는 의식, 글자를 인식하고 의미를 파악하는 그 알아차림 자체를 느껴 보세요. 생각이 일어나고 사라져도, 감정이 오고 가도, 그것을 비추는 의식의 빛은 꺼지지 않습니다. 마치 영화관의 스크린처럼, 어떤 장면이 펼쳐져도 스크린 자체는 물들지 않습니다.

중요한 것은 우리가 이 하늘이라는 통찰입니다. 날씨를 경험하는 것이 아니라, 날씨가 우리 안에서 일어나고 사라지고 있음을 인식하는 것입니다. 이 관점의 전환이 일어날 때, 어떤 날씨도 우리를 정의하거나 속박할 수 없다는 자유를 발견하게 됩니다. 그러나 이 발견은 끝이 아니라 시작입니다. 하늘을 알았다고 해서 날씨가 사라지지는 않습니다. 다만 더 명료하게 그 패턴을 볼 수 있게 됩니다. 당신의 날씨는 지금 어떤가요?

▶ 내면 날씨 진단하기

당신의 내면 기상도를 그려 볼 시간입니다. 지난 일주일, 당신의 마음엔 어떤 날씨들이 찾아왔나요? 아래 항목들 중 자주 경험한 것들을, 판단하지 말고 그저 있는 그대로를 관찰하듯 체크해 보세요.

지옥도의 날씨: 분노와 자책의 폭풍

□ 사소한 일에도 쉽게 짜증이나 분노가 치밀어 오른다.

□ '나는 왜 항상 이 모양일까?'라는 자기 비난이 끊이지 않는다.

□ 과거의 실수나 상처가 불현듯 떠올라 마음을 할퀸다.

□ 타인의 작은 실수도 용납하기 어렵고 비판적인 시선을 거두기 힘들다.

□ 잠들기 전 오늘 있었던 불쾌한 일들이 머릿속에서 재생된다.

□ 일어나지 않은 일들로 미리 불안해한다.

아귀도의 날씨: 끝없는 갈망의 가뭄

□ 무언가를 손에 넣어도 금세 싫증 나고 다른 것을 갈망한다.

□ SNS를 하면서도 만족스럽지 않고 계속 스크롤한다.

□ '저것만 있으면 행복할 텐데…….'라는 생각이 머리를 떠나지 않는다.

□ 혼자 있는 시간의 공허함을 음식, 쇼핑, 영상 등으로 메운다.

□ 타인이 가진 것을 보면 자동적으로 부러움과 박탈감을 느낀다.

□ 아무리 많이 가져도 '아직 부족해.'라는 느낌이 사라지지 않는다.

축생도의 날씨: 무기력과 무감각의 안개

□ 특별한 이유 없이 늘 피곤하고 에너지가 없다.

□ 매일이 어제의 반복처럼 느껴지고 삶이 정체된 것 같다.

□ 새로운 시도보다는 늘 하던 대로 하는 것이 편하다.

□ TV나 유튜브를 보지만 무엇을 봤는지 기억나지 않는다.

□ '왜 사는가?' 같은 질문이 떠올라도 곧 잊어버린다.

□ 감정이 무뎌져서 기쁨도 슬픔도 잘 느껴지지 않는다.

아수라도의 날씨: 질투의 먹구름

□ 누군가의 좋은 소식에 진심으로 기뻐하기 어렵다.

□ 늘 누군가와 비교하며 우위를 점하려고 애쓴다.

□ 경쟁에서 이겨도 곧 다른 경쟁자가 눈에 들어와 긴장이 풀리지 않는다.

□ 인정받지 못하면 존재 가치가 없는 것처럼 느껴진다.

□ 타인의 실수나 실패를 보면 은밀한 만족감을 느낀다.

□ 협력보다는 경쟁이 익숙하고, 함께보다 혼자 이기고 싶다.

    1부 진단: 나는 지금 어디에 서 있는가?

인간도의 날씨: 자각과 선택의 변화무쌍한 구름

▫ 하루 안에도 희망과 절망, 기쁨과 슬픔이 교차한다.

▫ '내가 정말 원하는 삶은 무엇일까?'라는 질문이 자주 떠오른다.

▫ 변화를 갈망하면서도 동시에 현재의 안전함을 놓기 두렵다.

▫ 화가 날 때 '아, 내가 지금 화가 났구나.'라고 알아차릴 때가 있다.

▫ 더 의미 있는 일을 하고 싶지만 방향을 찾지 못해 방황한다.

▫ 과거의 패턴을 인식하고 다르게 하려 노력하지만 쉽지 않다.

천상도의 날씨: 구름 위의 맑음과 물듦

▫ 아침 커피 한 모금에도 깊은 감사와 기쁨을 느낀다.

▫ 타인과 대화할 때 진정한 연결감을 경험한다.

▫ 아무 조건 없이 사랑과 자비가 자연스럽게 흘러나온다.

▫ 명상이나 영적 체험에 지나치게 집착하거나 의존한다.

▫ 세속적 일(직장, 가사, 돈)을 영적이지 않다고 경시한다.

▫ 아직 '깨닫지 못한' 사람들을 은연중에 낮춰 본다.

▶ 진단 결과와 함께하는 내면 여행

진단을 마치셨다면 이제 각 세계에서 체크한 개수를 세어
보세요.

체크리스트를 작성하며 혼란스러웠을 수 있습니다. 회사
에서의 나와 집에서의 내가 서로 다른 세계에 머물고 있다면,
그것은 자연스러운 일입니다. 우리는 하나의 고정된 날씨로
살지 않고, 상황과 관계에 따라 여러 세계를 오갑니다. 그 원
리는 3부에서 살펴보고, 지금은 가장 자주 머무는 날씨부터
살펴봅니다.

지옥도에서 많은 체크를 했다면, 당신은 지금 깊은 분노의
패턴 속에 있습니다. 이 분노는 분리의 환상에서 비롯되며,
그 아래에는 침범당한 경계와 표현되지 못한 정당한 요구가
있습니다. 분노의 에너지 자체는 중립적입니다. 그것이 파괴
로 향할지 명료함으로 전환될지는 당신의 인식에 달려 있습
니다. 자신과 타인 모두가 조건 지어진 반응 패턴 속에서 작
동하고 있음을 이해할 때, 분노는 연민으로 변화하기 시작합
니다. 감정의 파동은 대개 몇 분을 넘지 않습니다. 그것을 관
찰하되 동일시하지 않는 연습이 필요합니다.

아귀도가 당신의 주된 세계라면, 끝없는 갈망의 메커니즘

　　　　　　　1부 진단: 나는 지금 어디에 서 있는가?

이 작동하고 있습니다. 현대 소비사회는 이 결핍감을 의도적으로 자극하지만, 외부를 향한 갈망은 결코 내면의 공허를 채울 수 없습니다. 갈망 속에 숨은 진짜 필요를 들여다보고, 그것을 채우는 새로운 방식을 시도하는 것, 소유가 아닌 경험의 풍요로움을 발견하는 것이 아귀도를 벗어나는 길입니다. 갈망의 대상이 아니라 갈망하는 주체를 관찰할 때, 그것이 실체 없는 패턴임을 발견하게 됩니다.

축생도의 무감각 속에 있다면, 의식이 과도한 자극으로부터 자신을 보호하기 위해 감각을 차단한 상태입니다. 이는 현대의 정보 과부하가 만든 새로운 형태의 축생도입니다. 디지털 자극을 줄이고 아날로그적 감각을 회복하는 것이 깨어남의 시작입니다. 종이책의 촉감, 손으로 쓰는 글씨, 직접 만든 음식의 맛, 이런 느린 자극들이 마비된 신경계를 서서히 깨웁니다. 무엇보다 신체 감각에 대한 알아차림이 중요합니다. 몸이 깨어나면 의식도 따라 깨어납니다.

아수라도에서 많은 체크를 했다면, 상대적 가치 평가 시스템에 갇혀 있는 상태입니다. 비교에는 끝이 없습니다. 항상 더 나은 누군가가 존재하기 때문입니다. 절대적 지표가 아닌 개인적 성장에 초점을 맞추는 것, 경쟁을 협력으로 재구성하는 것이 이 함정에서 벗어나는 방법입니다. 타인의 성공은 당신의 실패가 아니라 가능성의 증거입니다. 각자의 고유한 리듬과 경로가 있음을 인정할 때, 비교의 무의미함이 드러납니다.

인간도에서 높은 점수가 나왔다면, 당신은 이미 '변화의 시작점'에 서 있습니다. 불교에서 인간으로 태어나는 것을 귀하게 여기는 이유는, 오직 인간만이 변화를 향한 선택이 가능하기 때문입니다. 너무 고통스러우면 압도되고, 너무 행복하면 안주하게 됩니다. 하지만 인간도의 적절한 고통과 기쁨의 균형은 '왜?'라는 질문을 가능하게 합니다. 당신이 지금 느끼는 혼란과 갈등은 성장통입니다.

천상도의 경험이 많다면, 두 가지 가능성이 있습니다. 하나는 내면의 어둠까지 통합한 진정한 평화를 경험하고 있는 것이고, 다른 하나는 '영적 우회'로 현실의 고통을 회피하고 있는 것입니다. 통합을 통해 얻은 경험은 당신을 더 겸손하게 만들고 깊은 연결감을 주지만, 우회하며 얻은 경험은 미묘한 우월감과 분리감을 낳습니다. 평화로운 순간이 찾아올 때, 그것을 움켜쥐려 하지 마세요. 마치 나비가 잠시 어깨에 앉았다가 날아가듯, 조용히 감사를 느끼며 놓아주는 연습을 해 보세요. 역설적이게도 집착하지 않을 때 평화는 더 자주, 더 깊이 찾아옵니다.

여러 세계에서 비슷한 점수가 나왔다면, 당신의 의식이 유

　　　　　1부 진단: 나는 지금 어디에 서 있는가?

동적이라는 뜻입니다. 이것은 불안정하면서도 동시에 가능성이 열려 있다는 신호입니다. 특히 물든 세계와 인간도를 오가고 있다면, 당신은 지금 중요한 전환기에 있습니다. 낡은 패턴이 느슨해지고 있지만 아직 새로운 중심을 찾지 못한 상태입니다.

이 진단은 당신이 '누구인가'를 규정하는 것이 아니라, '어디에 있는가'를 보여 주는 지도입니다. 그리고 모든 지도가 그렇듯, 이 또한 실제 영토는 아닙니다. 하지만 길을 잃었을 때 자신의 위치를 확인하는 것은 다시 길을 찾는 첫걸음입니다.

3개월 후 이 진단을 다시 해 보세요. 그때 설령 더 낮은 세계로 내려간 것처럼 보이더라도, 그것이 퇴보는 아닙니다. 모든 성장에는 리듬이 있습니다. 의식도 파도가 밀려왔다 물러가듯 확장과 수축을 반복합니다. 때로 '하강'은 더 깊은 통찰을 위한 필수 과정입니다. 진흙 속 연근이 깊이 뿌리내려야 수면 위로 청정한 꽃을 피우듯, 의식의 어두운 심연을 통과하는 것이 진정한 깨달음의 토대가 됩니다.

다음 장에서는 바로 이 움직임의 패턴을 관찰합니다. 같은 자리로 돌아온 듯하지만 실은 한층 높은 나선 위에 서 있음을, 무너짐이 곧 새로운 토대가 됨을, 그리고 모든 혼란과 명료함이 각각의 역할을 지님을 보게 될 것입니다.

2장

성장의 계절
: 의식 발달의 7단계 나선

▶ 계절의 리듬

1장에서 우리는 내면의 여섯 가지 날씨를 탐험했습니다. 지옥도의 분노, 아귀도의 갈망, 축생도의 무감각, 아수라도의 질투, 인간도의 변화무쌍함, 그리고 통합 의식과 전체성을 경험하는 천상도의 미세한 물듦까지. 그리고 이 모든 날씨가 지나가는 맑은 하늘―변하지 않는 순수한 의식 자체를 발견했습니다. 우리는 더 이상 스쳐 가는 날씨에 물드는 존재가 아니라, 그 모든 경험을 비추되 결코 물들지 않는 하늘, 바로 그 의식 자체라는 통찰을 얻었습니다.

이제 날씨보다 더 큰 리듬인 '계절'을 탐구합니다. 날씨가 의식의 일시적 상태라면, 계절은 의식이 성장하는 더 큰 흐름을 보여 줍니다. '물들지 않는 의식'이라는 맑은 하늘은 늘 그곳에 있지만, 우리가 그것을 인식하고 체화하는 깊이는 계절처럼 변화합니다.

계절마다 특정한 날씨가 자주 찾아옵니다. 혼미의 겨울에는 지옥도의 분노가 자주 몰아치고, 탐색의 봄에는 아귀도의 갈망이 봄비처럼 내립니다. 의식이 성장하는 단계마다, 특정한 내면의 날씨와 더 깊이 조우하게 됩니다. 하지만 계절이 깊어질수록 그 날씨에 덜 물들게 되는 것을 경험하기도 합니다.

▶ 나선형 성장

우리는 흔히 성장을 사다리를 오르는 것으로 상상합니다. 한 단계를 끝내면 다음 단계로 올라가고, 다시는 내려오지 않는다고 믿습니다. 하지만 실제로 우리의 의식이 성장하는 모습을 가만히 지켜보면, 그것은 직선이 아니라 나선형임을 알게 됩니다.

나선형 성장이란 같은 주제를 반복해서 만나지만, 매번 더 높은 차원에서 만난다는 의미입니다. 우리는 정체성, 관계, 상처, 의미 같은 삶의 핵심 주제들을 반복해서 만나게 됩니다. 다만 더 깊은 이해로, 더 넓은 시야로 만나는 것입니다. 다음은 한 참여자가 들려준 이야기입니다.

> 30대 초반, 아버지에 대한 분노를 처음 마주했을 때 몇 년간 상담을 받으며 들여다봤습니다. 드디어 해결됐다고 안심했는데, 30대 중반이 되자 또다시 아버지 문제가 떠올랐습니다. '또 이건가' 싶어 무너지는 것 같았습니다. 그런데 이번엔 달랐습니다. 그때는 분노만 보았는데, 이번에 올라온 것은 그 밑에 숨어 있던 깊은 슬픔과 그리움이었습니다.

이처럼 나선형 성장을 이끄는 것은 역설적이게도 우리가 가장 피하고 싶어 하는 위기의 순간들입니다. 기존의 삶의 방식이 더 이상 통하지 않을 때, 의미 체계가 무너질 때, 우리는 절망합니다. 하지만 바로 그 무너짐 속에서 새로운 의식의 공간이 열립니다.

　　　　　　　1부 진단: 나는 지금 어디에 서 있는가?

▶ 초기의 계절들

● 1단계: 혼미와 붕괴—한겨울 밤

첫 번째 단계는 한겨울 밤처럼 찾아옵니다. 겉으로는 평온한 일상이 계속되지만, 설명하기 어려운 불편함과 함께 '이대로는 안 된다'는 막연하고 강렬한 느낌이 내면에서 올라옵니다. 성장 과정에서 필연적으로 찾아오는 위기의 시간입니다. 삶의 주된 역할이나 정체성이 크게 변하는 전환점에서 자주 나타납니다. 그동안 열정을 쏟았던 일들이 갑자기 무의미하게 느껴지고, 중요하게 여겼던 목표들이 공허해집니다. 삶의 의미에 대한 의문이 끊임없이 맴돕니다. 지옥도의 분노와 좌절, 축생도의 무기력이 주로 찾아옵니다. 한 참여자가 이 시기를 이렇게 묘사했습니다.

어느 날 아침, 갑자기 모든 것이 낯설게 느껴졌습니다. 그동안 내가 옳다고 믿고 달려온 길이 통째로 무의미하게 느껴졌습니다. 오랫동안 쌓아 온 커리어, 성취들이 마치 다른 사람의 이야기처럼 공허하게 들렸습니다. 회의실에 앉아 있어도 마음은 어딘가 멀리 떠 있는 것 같았고, 집에 돌아와도 내가 있어야 할 곳이 아닌 것처럼 느껴졌습니다.

1단계의 핵심은 붕괴를 막으려 하지 않는 것입니다. 무너지는 것은 더 이상 맞지 않는 낡은 자아 구조입니다. 이 시기에는 충동적인 이직이나 이혼 같은 중대한 결정을 서두르지 않는 것이 좋습니다. 또한 술이나 약물, 게임으로 도피하면 필요한 변화가 일어나기 어렵습니다. 최소한의 일상 루틴을 유지하면서 이 과정을 견뎌 내는 것이 중요합니다.

혼미의 한겨울이 끝나갈 무렵, 변화의 신호가 찾아옵니다. 막연한 의문이 구체적인 물음으로 바뀝니다. '나는 누구인가, 나는 어떻게 살아야 하는가.' 이제 답을 찾고 싶다는 열망이 내면 깊은 곳에서 올라옵니다. 이것이 바로 2단계로 접어들었음을 알리는 신호입니다.

● 2단계: 열망과 탐색—이른 봄날

혼미의 한겨울이 물러가고, 이른 봄날이 찾아옵니다. '답이 있을 거야, 반드시 찾을 거야.' 이 다짐이 내면에서 울려 퍼집니다. 아귀도의 갈망과 인간도의 희망이 번갈아 찾아옵니다. 그리고 탐색이 시작됩니다. 답을 찾을 수 있을 것 같은 곳이라면 어디든 찾아갑니다. 명상 수련회, 심리 상담, 성격 유형

　1부 진단: 나는 지금 어디에 서 있는가?

검사, 각종 워크숍……, 자기 이해의 실마리를 찾을 수 있다면 무엇이든 시도해 봅니다.

이 시기에는 열린 마음으로 다양한 접근을 탐색하되, 맹목적으로 따르지 않는 지혜가 필요합니다. '영적 쇼핑'처럼 표면적 탐색에만 그쳐서는 깊은 변화가 일어나기 어렵습니다. 또한 빠른 해답을 약속하는 곳은 경계할 필요가 있습니다. 하나의 접근법을 최소 3개월은 꾸준히 시도한 후 평가해 보는 것이 도움이 될 수 있습니다.

탐색의 계절이 무르익으면, 이리저리 향하던 마음이 마침내 하나의 길로 모아지며, '이 과정에 전념해 보겠다'는 결심이 섭니다. 내면을 마주할 준비가 되었다는 느낌과 함께, 그동안 억압되었던 감정들이 서서히 수면 위로 올라오기 시작합니다.

● 3단계: 감정의 정화—여름 소나기

탐색을 통해 내면으로 시선을 돌리면, 억압되었던 기억과 감정이 의식의 표면으로 떠오르기 시작합니다. 여름 소나기처럼 감정들이 한꺼번에 쏟아져 나옵니다. 그동안 외면했던 내면의 감정들을 마주하는 순간, 정화와 치유의 과정이 시작되며, 지옥도와 인간도를 오가며 격렬한 기복을 겪게 됩니다.

이때는 평소라면 그냥 넘어갔을 사소한 자극에도 예민하

게 반응하게 되고, 어린 시절의 기억들이 생생하게 떠오르며 당시의 감정이 그대로 재현됩니다. 애착 트라우마, 성장 과정의 상처들이 수면 위로 떠오릅니다. 가슴 두근거림, 열감, 떨림 같은 신체 반응도 함께 나타납니다. 이러한 현상은 내면이 충분히 강해져 그동안 감당할 수 없었던 감정들을 처리할 준비가 되었음을 보여 줍니다. 이 시기는 '내면아이' 작업이 활발히 일어나는 때이기도 합니다. 한 참여자의 이야기입니다.

> 처음엔 그저 목이 막힌 느낌뿐이었어요. 그 감각을 따라가니 초등학교 때 기억이 올라왔어요. 아이들 앞에서 망신당했던 순간이었습니다. 그때 삼켰던 울음이 30년 만에 터져 나왔습니다. 깊은 감정이 해방되면서, 오랫동안 단단하게 굳어 있던 무언가가 서서히 풀려나가는 것을 느꼈습니다.

이처럼 억압된 감정이 해방되는 경험을 반복하면서, 내면을 알아차리는 힘이 조금씩 자라납니다. 상담이나 명상 중에는 감정의 움직임을 관찰하는 연습을 하고, 일상에서는 이 훈련된 힘이 간헐적으로 드러납니다. 처음엔 감정이 지나간 후에야 '아, 내가 화났었구나.'를 알지만, 점차 감정이 일어나는 순간을 실시간으로 포착하게 됩니다.

3단계에서는 감정 일기를 쓰거나, 신체 중심 작업을 받는 것이 도움이 될 수 있습니다. 격렬한 운동으로 에너지를 발산하는 것도 좋습니다. 다만 감정적일 때는 중요한 결정을 48시간 정도 미루는 것이 현명할 수 있습니다. 감정에 완전히 압도되어 일상생활에 지장을 줄 정도라면 전문가의 도움을 받는 것 또한 방법입니다.

이러한 과정들을 꾸준히 이어 가다 보면, 감정을 느끼면서도 동시에 관찰할 수 있게 되고, 자동적 반응 전에 잠시 멈출 수 있게 되며, 감정의 강도가 점차 줄어들기 시작합니다. 이것이 바로 다음 단계로의 전환이 시작된다는 신호입니다.

▶ 전환의 계절들

● 4단계: 관찰자의 탄생—한여름 정오

한여름 정오의 햇살처럼, 이제 내면에서 일어나는 모든 것을 명료하게 지켜볼 수 있는 '관찰자'가 깨어납니다. 자기 자신을 관찰하는 의식의 기능이 활성화되는 것입니다. '아, 내가 지금 화내고 있구나.'라는 첫 번째 즉각적 알아차림과 함께 새로운 차원의 자기인식이 시작됩니다.

이것은 단순히 생각을 지켜보는 기술이 아닙니다. 자동적 사고 패턴, 무의식적 행동 양식을 실시간으로 인지하게 됩니다. 감정의 한복판에 있으면서도 동시에 그것을 지켜보는 자리가 있음을 느끼게 됩니다. 이로써 감정을 한결 안정적으로 조절할 수 있게 됩니다. 한 참여자가 들려준 이야기입니다.

수업 중 한 아이가 계속 떠들었습니다. 예전 같으면 즉시 꾸짖었을 텐데, 이번엔 내 안에서 올라오는 화를 먼저 알아차렸습니다. 잠시 숨을 고르고 그 아이를 다시 보니, 인정받고 싶어 하는 아이의 마음이 보였어요. 화를 내는 대신, 아이에게 다가가 곁에 잠시 멈춰 섰습니다. 아이와 눈이 마주쳤을 때, 그저 조용히 아이의 이름을 부르며 고개를 끄덕여 주었습니다. 아이는 놀란 듯 잠시 머뭇거리더니, 스스로 하던 것을 멈추더군요. 그 순간, 아이가 조용해졌다는 사실보다 제가 화를 내지 않고 완전히 다른 방식으로 그 아이와 연결되었다는 것이 더 크게 다가왔습니다.

4단계에서는 인간도와 천상도를 자주 오가게 됩니다. 관찰자의 명료함이 천상도의 평화를 가져오지만, 동시에 아직 통합되지 않은 내면의 숨겨진 부분들도 더 선명하게 보이기 시작합니다. 자신이 부인하거나 억압해 온 측면들을 직면하고 통합하는 작업이 본격화되는 시기입니다.

자동적인 방어기제를 인지하고 의도적으로 선택할 수 있게 되는 것도 4단계의 특징입니다. 투사, 부인, 합리화 같은 방어기제가 작동하는 순간을 포착하고, 더 건강한 대응을 선택할 수 있게 됩니다.

관찰자가 안정되면서 한동안 평화로운 시기가 이어집니다. 하지만 곧 더 깊은 층이 드러나기 시작합니다. 알아차림에도 불구하고 여전히 자동적으로 반복되는 더 깊은 층위의 패턴을 발견하고, 관찰자 자체도 하나의 구조임을 인식하기 시작하며, 더 근본적인 변화를 향한 갈망이 생길 때, 다음 단계로의 전환이 시작됩니다.

● 5단계: 완전한 해체—늦가을 밤

4단계의 맑음이 깊어질수록, 늦가을 밤처럼 깊고 근원적인 어둠이 찾아옵니다. 단순한 감정의 정화가 아니라, 그동안 '나' 라고 여겨 온 구조가 깊은 곳에서부터 해체되기 시작합니다.

1단계의 붕괴가 '삶의 방향'을 잃는 것이었다면, 5단계의 해체는 '방향을 찾는 나' 자체가 허물어지는 것입니다. 1단계에서는 '이대로는 안 된다'는 막연하고 강렬한 느낌이 찾아왔지만, 5단계에서는 그 느낌을 극복하기 위해 쌓아 온 모든 것—수행의 성과, '성장하고 있는 나'라는 정체성, 심지어 관찰자라는 자리—이 하나씩 의미를 잃습니다. 이 해체는 사람마다 다른 양상으로 찾아옵니다.

한 참여자는 수행 자체를 관통하는 발견 속에서 이 과정을 경험했습니다.

10년간 꾸준히 명상하면서 나름의 평화를 찾았다고 믿었습니다. 불안이 줄었고, 관계도 나아졌고, 주변에서도 달라졌다고 했습니다. 그런데 어느 날 좌선 중에 고요히 드러난 것이 있었습니다. 이 수행이, 이 노력이, 이 변화가—모두 '나는 괜찮다'는 것을 확인하려는 움직임이었다는 것. 그리고 그것을 알아차린 이 자리마저, 같은 움직임 안에 있었습니다.

또 다른 참여자는 관찰자의 자리가 잡힐 듯 끝없이 물러나면서 이 과정을 경험했습니다.

감정이 올라올 때마다 그것을 지켜보는 연습을 해 왔습니다. 관찰자의 자리에 머물수록 흔들림이 줄었고, '나는 감정이 아니라 그것을 보는 의식'이라는 확신이 깊어졌습니다. 그런데 어느 순간, 그 관찰자를 보고 있는 또 다른 시선이 느껴졌습니다. 거울이 거울을 비추듯, 보는 자를 볼수록 새로운 보는 자가 계속 생겨났습니다. 생각으로는 닿을 수 없는 곳, 논리가 무너지는 그 경계에서 깊은 공허 속으로 빠져들었습니다.

그런가 하면 명료한 인식 없이, 설명하기 어려운 방식으로 찾아오기도 합니다.

우울이라고 하기엔 뭔가 달랐습니다. 슬프지도, 화가 나지도, 무기력하지도 않았습니다. 그냥 모든 것의 의미가 빠져나간 것 같았습니다. 수행을 하겠다는 마음도, 하지 않겠다는 마음도 일어나지 않았습니다. 주변 사람들은 제가 달라졌다고 했지만, 정작 저는 '달라진 나'도 '원래의 나'도 찾을 수 없었습니다.

이처럼 5단계의 해체는 각기 다른 얼굴로 찾아오지만, 근본은 같습니다. 그동안 '나'를 지탱해 온 마지막 지점—그것이 수행의 성과든, 관찰자라는 자리든, 이름 붙일 수 없는 무엇이든—이 풀리고, 붙잡을 것이 없는 자리가 드러납니다. 실존적 무의미감이 깊이 스며듭니다.

이 무의미감은 우울에서도 나타나지만 질이 다릅니다. 우울이 자기혐오와 에너지 고갈을 동반한다면, 5단계의 무의미감은 의식이 흐려진 것이 아니라, 의식이 세계를 나누고 이름 붙이던 움직임이 멈춘 고요입니다.

이 과정은 그동안 '나'라고 여겼던 구조 아래 본래 모습이 드러나려면 거쳐야 하는 시간입니다. 수개월에서 수년에 걸쳐 서서히 진행되며, 급하게 통과하려 하면 오히려 더 오래 머물게 됩니다. 중요한 것은 이 과정을 깊이 이해하는 '안전한 지지'입니다. 단순한 심리적 위로를 넘어, 의식의 해체와 통합의 과정을 통과해 본 안내자가 필요합니다. 아무리 무의미하게 느껴져도 기본적인 일상을 유지하는 것이 이 깊은 밤을 건너는 닻이 됩니다.

완전한 어둠 속에서만 별빛이 보이듯, 그동안 만들어 온 가면과 역할들, 그리고 그것을 지켜보던 관찰자라는 마지막 개념마저 내려놓을 때, 비로소 어떤 것에도 물들지 않는 의식 그 자체가 드러납니다. '더 이상 붙잡을 것이 없다'는 내맡김과 함께, 역설적으로 새로운 통합의 가능성이 열립니다. 그 신호는 거창하지 않습니다. 아무것도 의미 없다고 느끼면서도 밥을 짓고, 빨래를 개고, 묵묵히 하루를 사는 자신을 발견할 때, 의미 없음 속에서도 삶이 계속된다는 것을 머리가 아닌 몸으로 알게 될 때, 그때 긴 밤이 끝나가고 있다는 것을 느끼게 됩니다.

▶ 성숙의 계절들

● 6단계: 중심의 확립―겨울 아침

긴 밤이 지나가고, 겨울 아침의 맑은 고요함이 찾아옵니다. 감정이 일어나도 그 안에서 길을 잃지 않는 깊은 평정심과 함께 이전과는 질적으로 다른 안정감이 자리 잡습니다. 5단계에서 해체되었던 모든 것이 완전히 새로운 방식으로 통합됩니다. 즉, 통합된 자아가 확립되는 시기로 들어선 것입니다. 겉으로 보여 주는 모습과 숨겨 온 모습, 의식과 무의식이 더 이상 대립하지 않고 하나의 전체성 안에서 조화를 이룹니다.

이 단계에서는 건강한 자기실현이 일어납니다. 명확한 경계를 유지하면서도 타인과 깊이 연결됩니다. 예기치 못한 스트레스나 위기 상황이 닥쳐도 빠르게 평정을 회복합니다. 이전에는 며칠씩 끌었을 감정적 동요가 이제는 잠시 머물다 갈 뿐입니다.

이 시기의 특징은 수행과 일상이 하나의 결로 이어진다는 점입니다. 일하는 것이 자기실현의 통로가 되고, 관계 맺는 것이 성장의 기회가 됩니다. 확립된 중심이 있기에 경험을 통합의 재료로 받아들일 수 있게 됩니다. 내면이 통합되면서 시야가 자연스럽게 바깥으로 넓어지고, 멘토링이나 봉사활동처럼 자신의 경험을 나누는 일을 시작해볼 수 있습니다.

● 7단계: 통합적 유연성—사계의 순환

마지막 단계는 종착점이 아니라 새로운 시작입니다. 7단계의 핵심은 완성된 자아상에 집착하지 않는다는 것입니다. 이제 당신은 특정한 계절에 머무는 존재가 아니라, 그 모든 계절이 흐르는 광활한 공간 그 자체가 됩니다. 통합된 자아를 경험했다는 생각도, 7단계에 도달했다는 관념도 모두 이 순간의 생생함 앞에서는 과거의 잔상일 뿐입니다. 성장과 치유는 계속되는 과정이며, 매 순간이 영원한 지금입니다.

역설적인 것은, 이 단계에서는 필요하다면 다시 이전 단계

   1부 진단: 나는 지금 어디에 서 있는가?

의 경험을 할 수 있다는 것입니다. 하지만 전혀 다른 차원에서 경험합니다. 혼미도, 탐색도, 정화도, 모두 영원한 지금 속에서 일어나는 성장의 한 과정이 됩니다. 나선은 계속 상승하지만, 동시에 매 순간 원점에서 시작합니다.

7단계가 무르익으면, '나'라는 경계가 유연해집니다. 개체성을 잃지 않으면서도 모든 존재와 깊이 연결되어, 자신을 돌보는 것이 곧 타인을 돌보는 것이고 타인을 돌보는 것이 곧 자신을 돌보는 것임을 알게 됩니다. 누군가의 어려움이 더는 남의 일처럼 느껴지지 않아 자연스러운 연민으로 손을 내밀게 되고, 마침내 주는 것과 받는 것, 안과 밖의 구별이 사라진 공명의 삶이 펼쳐집니다.

▶ 계절 진단하기

이제 현재 의식이 머물고 있는 계절을 살펴봅니다. 최근 3개월간 경험한 항목에 체크해 보세요. 체크한 개수가 많은 단계가 현재 자신이 머물고 있는 계절입니다.

1단계: 혼미와 붕괴—한겨울 밤

□ 아침에 일어날 이유를 찾기 힘들다.

□ 그동안 추구했던 목표들이 공허하게 느껴진다.

□ '나는 누구인가?', '왜 살아야 하는가?'라는 질문이 계속 맴돈다.

□ 익숙한 일상이 낯설고 비현실적으로 느껴진다.

□ 주변 사람들과 깊은 단절감을 경험한다.

□ 미래에 대한 구체적인 계획을 세울 수 없다.

2단계: 열망과 탐색—이른 봄날

□ 영성, 심리학, 철학 관련 책이나 강연을 열심히 찾아본다.

□ 새로운 가르침을 만날 때마다 이번에는 진짜 답을 찾았다고 확신한다.

□ 여러 종류의 명상, 요가, 치유법을 동시에 시도한다.

□ 더 나은 스승이나 방법이 있을 것 같아 계속 찾아다닌다.

□ 영적 서적이나 프로그램에 많은 시간과 돈을 투자한다.

□ 일상보다 영적 탐구가 더 중요하고 의미 있게 느껴진다.

3단계: 감정의 정화—여름 소나기

- □ 사소한 일에도 왈칵 눈물이나 분노가 터져 나온다.
- □ 오래전 상처받았던 기억들이 생생하게 떠오른다.
- □ 하루에도 여러 번 감정이 극과 극을 오간다.
- □ 타인의 감정에 평소보다 민감하게 반응한다.
- □ 억압했던 욕구나 충동이 강하게 올라온다.
- □ 꿈이 매우 선명하고 상징적인 내용이 많다.

4단계: 관찰자의 탄생—한여름 정오

- □ '아, 내가 지금 화내고 있구나.'라고 감정을 관찰할 수 있다.
- □ 자동적으로 반응하기 전에 잠시 멈추고 선택할 수 있다.
- □ 생각과 감정이 구름처럼 왔다가 가는 것을 본다.
- □ 자신의 방어 패턴(합리화, 회피, 투사 등)이 작동하는 것을 알아차린다.
- □ 타인의 행동 뒤에 숨은 두려움이나 상처가 보이기 시작한다.
- □ 현재 순간에 머무는 시간이 눈에 띄게 늘어났다.

5단계: 완전한 해체―늦가을 밤

- □ 그동안 의지했던 모든 역할과 정체성이 무의미하게 느껴진다.
- □ 과거의 성장과 치유 경험마저 의심스럽다.
- □ 관찰자 역시 또 하나의 개념임을 깨닫는다.
- □ 깊은 실존적 공허감과 무의미감을 경험한다.
- □ 시간 감각과 현실감이 희미해진다.
- □ '더 이상 붙잡을 것이 없다'는 항복감이 든다.

6단계: 중심의 확립―겨울 아침

- □ 감정을 온전히 느끼면서도 그것과 동일시되지 않는다.
- □ 일상에서 의식적으로 성장의 기회를 발견한다.
- □ 타인과 깊은 연결감을 느끼면서도 건강한 경계를 유지한다.
- □ 겉으로 보여 주는 모습과 내면의 모습 사이에 간극이 느껴지지 않는다.
- □ 위기 상황에서도 빠르게 평정을 회복한다.
- □ 자신의 불완전함을 온전히 수용한다.

   1부 진단: 나는 지금 어디에 서 있는가?

7단계: 통합적 유연성—사계의 순환

- 과거와 미래를 다 품으면서도 지금 이 순간에 온전히 있다.
- 애쓰지 않아도 필요한 일이 물 흐르듯 일어난다.
- 모든 단계를 자유롭게 오가며 각각의 선물을 누린다.
- 주고받음의 구별 없이 연민과 사랑이 흐른다.
- 일상의 평범한 순간에서도 깊은 경이로움과 충만함을 느낀다.
- '하는 자' 없이 행위만 있는 순수한 현존을 경험한다.

▶ 진단 결과와 함께하는 계절 해석

한 단계에서 5~6개를 체크했다면 그 계절의 한가운데 있는 것입니다. 해당 계절이 현재의 주된 경험을 구성합니다. 이 시기에는 저항보다 수용이 효과적입니다. 그 계절이 제시하는 과제를 수행하면서 다음 전환을 준비합니다. 3~4개를 체크했다면 계절의 핵심 작업이 진행 중입니다. 이전 패턴과 새로운 인식이 공존하는 시기입니다. 무의식에 있던 것들이 의식 표면으로 올라오기 시작합니다. 1~2개만 체크했다면 해당 계절의 경계에 있습니다. 막 진입했거나 벗어나려는 시점입니다.

때로는 하나가 아닌 여러 계절을 동시에 경험합니다. 이웃한 두 계절이 비슷하게 나타난다면, 지금 당신은 전환의 문턱에 있습니다. 여름 소나기에서 한여름 정오로 가는 길목에서는 감정이 천천히 가라앉고 관찰이 시작됩니다. 반면 봄과 가을처럼 떨어진 계절이 함께 찾아온다면, 오래된 과제를 새로운 눈으로 다시 보고 있는 것입니다. 탐색하면서 해체하고, 찾으면서 놓아주는, 그런 복잡하고도 풍부한 시간입니다.

특히 3단계와 5단계처럼 격차가 큰 계절이 동시에 높게 나온다면, 지금 매우 강도 높은 변형이 일어나고 있다는 신호입니다. 한쪽에서는 억눌린 감정이 터져 나오고, 동시에 깊은 허무함이 밀려와 혼란스러울 수 있습니다. 하지만 이는 자아 구조가 해체되며 내면의 깊은 정화와 존재의 재구조화가 동시에 진행되는 강력한 치유의 과정이니 안심하셔도 좋습니다.

이 시기에는 특별한 명상이나 깨달음보다, 밥을 먹고 잠을 자고 땅을 밟는 단순한 일상을 지키는 것이 중요합니다. 의식이 모호한 관념으로 부유하지 않게 붙잡아 주는 힘은, 결국 생생하고 구체적인 몸의 감각에 있기 때문입니다.

어떤 단계에서 하나도 체크하지 못했다면, 이미 통과했거나 아직 경험하지 못한 영역입니다. 통과한 계절은 자원이 되

　　　　　　　　　1부 진단: 나는 지금 어디에 서 있는가?

고, 오지 않은 계절은 가능성입니다.

　3개월 후 다시 점검할 때는 변화의 질을 봅니다. 어떤 항목이 새로 나타났는지, 무엇이 사라졌는지를 살펴봅니다. 1단계 한겨울 밤에서 '무의미함'이 사라지고 '찾고 싶다'가 나타났다면 이른 봄날로 전환된 것입니다. 반대로 높은 단계에서 낮은 단계로 돌아가기도 합니다. 하지만 이것은 단순한 퇴행이 아닙니다. 한 참여자의 경험이 이를 잘 보여 줍니다.

　　예전에는 몇 년간의 수행으로 감정의 격랑에서 벗어나 평온해졌다고 믿었습니다. 그런데 직장에서 큰 프로젝트를 맡자, 갑자기 혼란스럽고 방황하던 초기의 마음 상태로 돌아간 듯 느껴졌어요. 처음엔 좌절했습니다. 하지만 이전과 달랐습니다. 그때는 '어떤 길을 선택해야 할지' 몰라 막연히 방황했다면, 이번엔 '어떤 낡은 역할들을 내려놓아야 할지'를 알기에, 그 혼란을 더 깊은 시야로 통과할 수 있었습니다.

　이처럼 처음 겪는 혼란은 길을 잃은 것이지만, 알아차리며 겪는 혼란은 더 깊은 길로 들어서는 것입니다.

상황과 관계에 따라 다른 계절이 활성화되기도 합니다. 직장에서는 4단계 한여름 정오의 관찰하는 인식이 작동하기도 하고, 친밀한 관계에서는 3단계 여름 소나기의 감정이 드러나기도 합니다. 어떤 관계는 안전한 거리를 제공하고, 어떤 관계는 취약함을 건드리기 때문입니다. 이것은 자연스러운 현상입니다. 이와 더불어, 의식 성장의 여정에서는 시간의 흐름 속에서 같은 패턴이 다시 드러나기도 합니다. '다시 원점이야.'라는 좌절감이 들 때, 이것이 정말 퇴행인지 아니면 나선형 성장의 자연스러운 리듬인지 구분하는 것이 중요합니다. 같은 패턴이 다시 드러나는 현상은 두 가지 형태로 이해해 볼 수 있습니다.

첫 번째는 '일시적 변동'입니다. 스트레스나 피로 상황에서 잠시 나타나는 이전 패턴입니다. 6단계의 중심이 확립된 사람도 극도로 지친 날엔 3단계의 감정 폭발을 경험할 수 있습니다. 하지만 '아, 옛날 패턴이 올라오는구나.'라는 알아차림이 있고, 곧 중심을 회복합니다. 이것은 퇴행이 아니라 마치 탄력 있는 나선이 잠시 수축했다가 다시 펴지는 것과 같습니다.

두 번째는 '더 깊은 차원의 재경험'입니다. 이는 같은 주제를 완전히 다른 층위에서 만나는 것입니다. 앞서 소개한 참여자처럼, 예전에는 '어떤 길을 선택해야 할지' 몰라 막연히 방황했다면, 이번엔 '어떤 낡은 역할들을 내려놓아야 할지'를 알기에 그 혼란을 더 깊은 시야로 통과할 수 있게 되는 것입니다. 이는 수주에서 수개월간 지속되며, 이전보다 더 깊은 통찰과 통합을 가져옵니다.

이 둘을 구분하는 방법은 간단합니다. 일시적 변동은 수일 내에 회복되고 자기인식이 유지됩니다. 반면, 깊은 재경험은 오랜 시간(수주에서 수개월) 지속되며 근본적인 변화를 동반합니다. 중요한 것은 이 둘 모두 퇴행이 아닌, 의식 성장의 자연스러운 리듬이라는 사실입니다.

이러한 다층적 경험을 이해할 때 핵심은, 계절이 깊어질수록 날씨(육도)의 영향력은 약해진다는 점입니다. 비가 와도 우산을 쓸 수 있는 사람과 그냥 맞을 수밖에 없는 사람의 차이입니다.

이 7단계 또한 하나의 패턴일 뿐, 절대적 진리는 아닙니다. 각자의 경험이 곧 각자의 진실이며, 단계는 이해를 돕는 도구일 뿐입니다. 현재의 자리를 있는 그대로 들여다볼 때, 다음 걸음이 자연스럽게 드러납니다.

날씨와 계절, 그리고 하늘
: 입체적 자기 이해의 완성

1장에서는 육도의 날씨를, 2장에서는 7단계의 계절을 탐험했습니다. 이제 이 두 지도를 겹쳐 놓고 당신이 정확히 어디에 있는지 입체적으로 파악할 시간입니다. 같은 분노라도 어느 계절에 나타나느냐에 따라 전혀 다른 의미를 갖습니다.

의식이 성장한다는 것은 이전 단계를 버리는 것이 아니라 포함하면서 초월하는 것입니다. 어린아이의 순수함이 사라지는 것이 아니라 성숙한 인격 안에 온전히 '통합'되는 것처럼, 각 단계의 경험과 통찰은 더 넓은 관점 안에서 새로운 의미를 찾아갑니다.

▶ 앎과 삶 사이의 틈: 세 가지의 통합 단계

그렇다면 통합은 구체적으로 어떻게 일어날까요. 머리로 아는 것과 몸으로 살아 내는 것 사이의 거리, 바라는 모습과 있는 그대로의 모습 사이의 간극, 의식의 빛과 무의식의 그림자 사이의 단절. 고통은 바로 이 빈 공간에서 피어납니다. 두 지점이 멀어질수록 내면의 긴장이 커지고, 우리는 그 불편함을 견디지 못해 어느 한쪽을 외면하거나 억누릅니다.

그러나 수행은 이 거리를 없애려는 싸움이 아닙니다. 두 지점 사이에 알아차림이라는 다리를 놓는 고요한 작업입니다. 다리가 놓이면 분리되었던 것들 사이에 흐름이 생깁니다. 머리의 앎이 가슴으로 내려오고, 빛이 그림자를 비추기 시작합니다. 하나의 다리가 놓이면 더 깊은 층위의 분리가 드러납니다. 알아차림이 깊어질수록 보이지 않던 것들이 보이기 시작합니다. 그렇게 알아차림의 다리는 하나씩 놓여 가고, 통합은 깊어집니다. 지금 당신 안에 모순된 모습이 보이더라도 괜찮습니다. 그 간극은 의식이 더 넓은 전체를 향해 확장하고 있다는 신호입니다. 분리를 알아차리는 순간, 이미 통합은 시작되었습니다.

많은 이가 관찰자가 되면 감정이 사라질 것이라 기대하지만, 실제로는 오히려 더 섬세하고 선명하게 인지되기 시작합니다. 다만 이전과 다른 점은, 더 이상 감정에 완전히 동일시되어 압도되지 않는다는 것입니다. 감정은 여전히 찾아오지만, 그것이 '나'의 전체 정체성이 아님을 명확히 알게 됩니다. 이 통합의 과정은 크게 세 단계로 펼쳐집니다.

● 초기 단계(1~3단계)

초기 단계인 1~3단계는 기존의 자아 구조가 흔들리며 내면을 직면하는 시기입니다. 이 시기에 지옥도가 타오르면, 온 존재가 불길에 휩싸이는 것처럼 느껴집니다. 20년간 쌓아 온 관계가 한순간에 무의미하게 느껴지고, 그동안 믿어 온 가치관이 거짓처럼 보입니다. 분노 아래에는 깊은 배신감과 상실감이 숨어 있지만, 그것을 직면하기에는 너무 고통스러워 분노로 덮어 버립니다.

이 분노는 파괴적으로 보이지만, 실은 새로운 시작을 위해 필요한 해체 과정입니다. 낡은 집을 허물 때 나는 먼지와 소음처럼, 불편하지만 새로운 토대를 위해 반드시 거쳐야 할 과정입니다.

특히 3단계 감정 정화기에는 댐이 터지듯 억압된 감정들이 쏟아져 나옵니다. 울면서도 '내가 지금 울고 있구나.', 화내면서

   1부 진단: 나는 지금 어디에 서 있는가?

도 '오래된 분노가 나오는구나.'라는 인식이 함께합니다. 몸도 함께 반응해서 가슴이 답답하거나 온몸이 떨리기도 합니다. 이것은 신경계에 갇혀 있던 오래된 에너지가 해방되는 신호입니다.

● 중간 단계(4~5단계)

중간 단계인 4~5단계는 인지와 정서의 시간차를 경험하는 시기입니다. '이제는 이 감정이 보이는데, 왜 나는 여전히 여기서 벗어날 수 없는가?' 이처럼 4단계에서는 관찰자 의식이 깨어났는데도 감정의 소용돌이가 찾아올 때, 많은 이들이 깊은 좌절을 경험합니다.

이는 인지적 통찰과 정서적 통합 사이에 존재하는 필연적인 시간차입니다. 머리로는 패턴을 이해하고 관찰할 수 있지만, 몸과 신경계에 각인된 오래된 반응들은 여전히 작동합니다. 이것은 잘못되어 가는 것이 아니라, 알아차리는 힘이 생겼기에 이전에는 보이지 않던 더 깊은 층의 상처가 드러나는 것입니다.

5단계 완전한 해체는 모든 정체성과 의미 체계가 근본적으로 재구조화되는 시간입니다. 이 극도의 공허 속에서 갑작스럽게 천상도의 평화가 찾아올 때가 있습니다. 그때 해체의 아픔을 인정하면서도 그것과 함께 있을 수 있는 넓은 수용이 생깁니다.

● 통합 단계(6~7단계)

마침내 통합 단계인 6~7단계에 이르면 의식의 깊이가 달라집니다. 6단계에서는 감정이 일어나도 중심이 흔들리지 않습니다. 지옥도의 분노가 일어나도, 천상도의 환희가 찾아와도, 그것들과 함께 있을 수 있는 내적 공간이 확보됩니다. 이전 단계들의 지혜가 통합되어 자연스럽게 작동합니다.

이것은 감정을 느끼지 못하는 무감각과는 다릅니다. 오히려 모든 감정을 충분히 경험하면서도 그것에 압도되지 않는 상태입니다. 감정은 여전히 일어납니다. 다만 이제 그것들이 더 이상 '나'를 정의하지 않습니다. 손님처럼 왔다가 가고, 중심은 흔들리지 않습니다.

7단계는 완전한 자유입니다. 더 이상 단계나 상태에 대한 집착이 없습니다. 모든 경험이 동등한 가치를 지닌 삶의 표현으로 받아들여집니다. 분노도, 슬픔도, 기쁨도 상황에 적절한 에너지로 자유롭게 흐릅니다.

                      1부 진단: 나는 지금 어디에 서 있는가?

이제 당신의 교차점을 찾아볼 시간입니다. 지난 한 달을 떠올려 보세요. 가장 자주 경험한 감정 상태(육도)와 현재의 발달 위치(7단계)가 만나는 곳이 지금 당신이 서 있는 자리입니다.

예를 들어 4단계 '관찰자의 탄생'인데 지옥도가 자주 찾아온다면, 당신은 '관찰되는 고통'의 과정에 있습니다. 이것은 더 깊은 층의 정화가 일어나고 있다는 신호입니다. 관찰 능력이 생겼기에 이제야 더 깊은 상처를 볼 수 있게 된 것입니다.

2단계 '열망과 탐색'에서 천상도를 갈망한다면, 이것은 영적 우회의 가능성을 시사합니다. 아직 충분한 토대가 없는 상태에서 초월을 추구하는 것은 필요한 성장 과제를 건너뛰려는 시도일 수 있습니다.

5단계 '완전한 해체'에서 축생도의 무감각이 나타난다면, 이는 극도의 재구조화 과정에서 의식이 스스로를 보호하는 자연스러운 반응입니다. 너무 많은 변화가 일어날 때, 잠시 감각을 차단하는 것은 신경계의 지혜입니다.

이 교차점 이해가 주는 가장 큰 선물은 자기 자신에 대한 자비로운 이해입니다. '왜 나는 아직도 이런가.'라는 자책 대신, '아, 지금 내가 이런 과정을 겪고 있구나.'라는 이해가 생깁니다.

같은 분노라도 계절에 따라 다른 의미를 갖습니다. 1단계의 분노는 무너짐의 신호지만, 4단계의 분노는 아직 보지 못한 그림자의 초대장이며, 7단계의 분노는 상황에 적절한 에너지 반응일 수 있습니다. 이렇게 다층적으로 이해할 때, 우리는 어떤 경험도 함부로 판단하지 않게 됩니다.

▶ 알아차림의 세 층위

이 모든 과정에서 핵심은 알아차림입니다. 혼란 속에서도 '내가 지금 혼란스러워하고 있구나.'라고 아는 순간, 우리는 이미 그 혼란에서 한 발짝 물러나 있습니다. 가장 격렬한 변화의 순간에도 그것을 알아차리는 의식이 있습니다.

알아차림의 첫 번째 층위는 '내가 여기 있다'는 사실을 인식하는 것에서 시작됩니다. 걷다가 발바닥의 감촉을 느끼는 순간, 새소리에 귀 기울이다 주변이 선명해지는 순간, 자신의 호흡을 의식하는 순간, 대부분의 시간을 자동 반응으로 살아가던 우리가 잠시 깨어나는 것입니다.

    1부 진단: 나는 지금 어디에 서 있는가?

두 번째 층위에서는 감정과 생각을 거리 두어 바라볼 수 있게 됩니다. '나는 화났다.'에서 '내 안에서 화가 일어나고 있구나.'로, '나는 불안하다.'에서 '불안이 지금 지나가고 있구나.'로 관점이 전환됩니다. 이것은 감정을 더 명확하게 인지하면서도 그것과 자신을 동일시하지 않는 과정입니다.

세 번째 층위는 관찰자와 관찰 대상의 구분마저 없는 순수현존입니다. '경험하는 나'라는 중심점이 사라집니다. 현상은 일어나지만 경험하는 자는 없고, 앎은 있지만 아는 자는 없습니다. 아는 자 없이 고요히 깨어 있는 자리, 이것이 순수현존입니다.

그러나 순수현존은 욕망으로 쟁취할 수 있는 신비한 성취가 아닙니다. 우리는 고통에서 벗어나기 위해, 혹은 영원한 평화를 얻기 위해 깨달음을 갈망하지만, 순수현존을 만난다는 것은 없는 것을 얻는 것이 아니라 본래 있던 것이 드러나는 것입니다. 거친 파도가 잠들면 바다는 하늘을 비추듯, 마음이 고요해지면 본래의 밝음이 드러납니다. 알아차림은 이 모든 순간을 비춥니다. 지금 나는 이 과정의 어디쯤 있을까요.

▶ 알아차림 진단하기

이제 당신의 알아차림이 어느 층위에 있는지 살펴볼 시간입니다. 알아차림의 발달은 계단을 오르듯 선형적이지 않습니다. 오히려 나선형으로 순환하며 깊어집니다.

많은 수행자가 2층위에서 꾸준히 관찰하다가 뜻밖의 순간을 만납니다. 어느 날 갑자기, 보는 자와 보는 것의 경계가 녹아내리며, 아는 자와 아는 것의 구분이 사라집니다. 남는 것은 오직 순수한 앎 그 자체뿐입니다. 마치 긴 꿈에서 깨어나듯, 분리의 환상이 걷히고 모든 것이 하나의 의식임이 드러납니다.

하지만 이 은총은 오래 머물지 않습니다. 때로는 번개처럼 찰나로 지나가고, 때로는 며칠간 은은한 향기처럼 남아 있다가, 마침내 아침 안개가 걷히듯 서서히 흩어지며 익숙한 일상 의식으로 돌아옵니다. 이때 많은 이들이 좌절합니다. '내가 뭘 잘못했나? 왜 그 상태를 잃어버렸지?' 하지만 이것이 정상입니다. 순수현존은 처음엔 은총처럼 찾아왔다가 사라집니다. 마치 구름 사이로 잠깐 비치는 햇살처럼, 그 경험은 우리가 가야 할 방향을 보여 주는 이정표입니다.

이러한 비선형적 특성을 반영하여, 알아차림 진단을 두 가지 축으로 구성했습니다. 하나는 일상에서 얼마나 안정적으로 알아차림이 작동하는가를 보는 '일상 알아차림'이고, 다른 하나는 비이원적 상태를 경험했는가를 살펴보는 '순수현존 경험'입니다. 알아차림은 독립된 별개의 능력이 아니라, 2장에서 살펴본 의식 발달의 7단계 안에서 함께 깊어집니다. 초기 단계에서 사후적 알아차림이 싹트고, 4단계 관찰자의 탄생과 함께 감정을 실시간으로 포착할 수 있게 되며, 6단계에서는 알아차림이 일상 속에 안정적으로 자리 잡고, 7단계에서 순수현존이 활성화됩니다. 안정된 일상 알아차림은 순수현존이 더 자주 일어날 수 있는 토대가 되고, 순수현존의 경험은 일상 알아차림을 더욱 깊고 자연스럽게 만듭니다.

최근 한 달간의 경험을 떠올리며 아래 항목들을 점검해 보세요. 체크 개수보다 중요한 것은 자신의 현재 위치를 정직하게 아는 것입니다.

1층위: 사후적 알아차림

□ 몸의 긴장이나 호흡을 문득 의식하는 순간이 있다.

□ 하루 중 몇 번은 '지금 여기'로 의식이 돌아온다.

□ 감정을 경험한 후에 '아, 내가 그랬구나.'라고 인식한다.

□ 습관적 반응 후에 '또 그랬네.'라고 깨닫는다.

2층위: 실시간 알아차림

- □ 감정이 일어나는 순간 실시간으로 알아차린다.
- □ 생각하면서 동시에 '내가 생각하고 있구나.'를 의식한다.
- □ 오래된 패턴이 작동할 때 즉시 알아차린다.
- □ 감정을 경험하면서도 그것을 관찰하는 공간이 있음을 안다.

3층위: 지속적 알아차림

- □ 일상 활동 중에도 알아차림이 배경처럼 지속된다.
- □ 특별한 노력 없이도 자연스럽게 '지켜봄'이 일어난다.
- □ 감정의 파도가 와도 중심의 고요는 흔들리지 않는다.
- □ 생각과 감정이 구름처럼 지나간다.

순수현존

- □ 생각과 생각 사이의 틈, 그 고요함에 머문다.
- □ 나와 대상의 경계가 사라지는 순간을 경험한다.
- □ '하는 자' 없이 행위만 있는 순간을 경험한다.
- □ 모든 것이 저절로 일어나는 자연스러움 속에 머문다.

  1부 진단: 나는 지금 어디에 서 있는가?

▶ 진단을 넘어서: 영원한 지금

각 층위는 고정된 경계가 아닌 살아 있는 리듬입니다. 호흡이 들숨과 날숨을 오가듯, 의식도 수축과 확장을 거듭하며 깊어집니다. 지금 이 순간 어느 층위에 있든, 그 상태를 있는 그대로 수용하는 것이 중요합니다. 그 수용이 다음 움직임과 확장을 위한 공간을 열어 줍니다.

이제 우리는 날씨와 계절, 그리고 하늘이라는 세 가지 지도를 손에 넣었습니다. 육도의 날씨는 매 순간 변하고, 7단계의 계절은 긴 호흡으로 변화하며, 알아차림이라는 하늘은 이 모든 변화를 고요히 비춥니다. 통합적 이해는 이 세 겹을 하나의 풍경으로 인식하는 것입니다. '나는 지금 4단계에서 지옥도를 경험하며, 그것을 알아차리고 있다.'처럼 다차원적 인식이 일어날 때, 우리는 더 이상 어떤 하나의 경험에 갇히지 않습니다.

알아차림이 깊어질수록 우리는 선형적 시간을 벗어나 모든 시간이 이 순간에 수렴하는 영원한 지금을 경험합니다. 이 모든 층위가 동시에 살아 움직이는 지금 이 순간이야말로 당신이라는 신비의 전모입니다. 폭풍 속에서도, 고요 속에서도, 그것을 알아차리는 이 현존 자체가 당신의 본래 모습입니다.

진단—나는 지금 어디에 서 있는가?

1부에서는 자신의 내면을 깊이 이해하고 현재 위치를 정확히 파악할 수 있도록 세 가지 핵심적인 비유인 '날씨', '계절', '하늘'을 통해 입체적인 내면의 지도를 살펴 보았습니다.

▶ 1부 구조 개요

장	주제	비유	핵심 개념
1장	내면의 날씨	매 순간 변화하는 감정의 흐름	6가지 내면세계 (지옥/아귀/축생/아수라/ 인간/천상)
2장	성장의 계절	나선형으로 순환하는 성장의 리듬	7단계 의식 발달 나선
3장	날씨와 계절, 그리고 하늘.	모든 것을 비추는 변하지 않는 배경	알아차림의 층위와 순수현존

우리는 매 순간 다른 날씨를 경험합니다. 각 날씨(세계)의 특징과 그 이면에 숨겨진 심리적 기제를 이해하는 것은 자동 반응의 사슬에서 벗어나는 첫걸음입니다.

세계	핵심 상태	기저 작동 방식	주의할 점
지옥도	분노, 자기 비난	분리의 환상: 자신과 세계를 적으로 인식	분노 아래 숨은 두려움과 무력감을 보지 못함
아귀도	끝없는 갈망, 결핍감	근원적 결핍: 외부 대상으로 내면의 공허를 채우려 함	더 많이 소유하며 존재의 결핍을 메우려 하지만 공허는 더욱 깊어짐
축생도	무기력, 무감각	의식의 마비: 과도한 자극으로부터 자신을 보호하기 위해 감각을 차단함	무기력이 반복되며 변화의 가능성 자체를 믿지 못함
아수라도	질투, 경쟁, 비교	상대적 정체성: 타인과의 비교를 통해서만 자신의 가치를 확인함	비교와 경쟁의 수레바퀴 속에서 자신만의 고유한 빛을 잃어 감
인간도	성찰, 선택, 갈등	양극성의 통합: 고통과 기쁨의 균형 속에서 '왜'라는 질문을 던짐	변화의 관문이지만 불안정성을 견디지 못하면 다시 물든 세계로 돌아감
천상도	평화, 기쁨, 연결감	분리감의 초월: '하나됨'을 경험하며 내면의 평화를 느낌	영적 우회: 상처를 직면하지 않고 평화로운 상태로 도피함 영적 교만: 깨달음의 경험에 집착하여 우월감에 빠짐

▶ 성장의 계절: 의식 발달의 7단계 나선

　의식의 성장은 사다리를 오르는 직선이 아니라, 같은 주제를 더 높은 차원에서 만나는 나선형의 여정입니다. 각 계절은 고유한 과제와 선물을 가지고 있습니다.

단계	계절(비유)	핵심 과제 및 경험
1	혼미와 붕괴 (한겨울 밤)	기존의 자아 구조가 무너지는 실존적 위기를 겪으며 '이대로는 안 된다'는 느낌 속에서 길을 잃음
2	열망과 탐색 (이른 봄날)	'답을 찾고 싶다'는 강한 열망으로 다양한 심리적, 영적 방법을 탐색하며 밖으로 향하는 시기
3	감정의 정화 (여름 소나기)	내면으로 시선을 돌리면서 억압했던 감정(슬픔, 분노 등)들이 터져 나오는 격렬한 정화 과정
4	관찰자의 탄생 (한여름 정오)	감정과 생각을 알아차리는 관찰자가 깨어나며, 자동 반응에서 벗어나 선택할 수 있는 내면의 공간이 생김
5	완전한 해체 (늦가을 밤)	'관찰자'마저 하나의 개념임을 깨닫고, 의지했던 모든 정체성이 해체되는 깊은 공허와 항복을 경험함
6	중심의 확립 (겨울 아침)	해체 후 새로운 방식으로 재통합되어, 흔들리지 않는 내면의 중심이 확립되고 일상과 수행이 하나가 됨
7	통합적 유연성 (사계의 순환)	특정 단계에 머무르지 않고 모든 계절의 지혜를 품고 매 순간을 새롭게 살아가는 자유롭고 성숙한 의식 상태

　　　　　　　　　　　1부 진단: 나는 지금 어디에 서 있는가?

2부

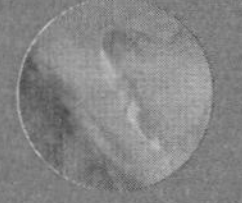

해부:

무엇이 나의 세계를 만드는가?

1장

의식

: 모든 경험이 펼쳐지는 공간

1부의 여정을 마치고 우리는 소중한 선물을 얻었습니다. 내면을 관찰하는 알아차림의 능력을 발견한 것입니다. 화가 일어날 때 '아, 내가 화났구나.' 하고 알아차리는 것, 평화로운 순간 그 고요함 속에 머무는 것, 불안이 찾아올 때 가슴의 답답함을 고요히 지켜보는 것, 이 모든 것이 알아차림이 일어나는 순간입니다. 알아차림이 무엇인지 이해했다면, 이제는 그 구조와 작동 원리를 탐구할 차례입니다.

17세기 네덜란드 상인 안토니 판 레이우엔훅은 취미로 렌즈를 갈아 현미경을 만들었습니다. 어느 날, 그가 만든 현미경으로 물방울을 관찰하던 중 놀라운 발견을 했습니다. 아무것도 없어 보이던 투명한 물방울 속에서 수많은 작은 생명체가 생생하게 움직이고 있었던 것입니다. 보이지 않는 세계가 존재한다는 것이 처음 증명된 순간이었습니다.

이처럼 육안으로는 볼 수 없는 미시 세계가 존재하듯이, 우리 내면에도 아직 탐험되지 않은 세계가 있습니다. 그 내면세계의 중심에 의식이 있습니다. 우리의 모든 경험은 이 의식이라는 무대 위에서 펼쳐집니다. 지금 이 글을 읽는 것도, 떠오르는 생각도, 느껴지는 감정도 모두 의식이 있기에 가능합니다.

의식은 단순히 경험을 담는 그릇이 아닙니다. 그것은 만들어지는 것이 아니라 본래 있는 광활한 공간이며, 우리는 그 공간에 접속합니다. 모든 경험은 이 살아 있는 공간 안에서 일어나고 사라집니다.

의식은 여러 방식으로 작동합니다. 먼저, 받아들입니다. 오감을 통해 들어오는 빛과 소리, 냄새와 맛, 촉감, 내면에서 솟아오르는 생각과 감정, 직관과 기억, 이 모든 것이 의식 안에서 일어납니다. 지금 이 순간에도 의식은 글자를 읽고, 의미를 해석하며, 동시에 주변 환경을 감지합니다.

하지만 들어오는 모든 것이 동등한 무게를 갖는다면, 의식은 혼란에 빠질 수밖에 없습니다. 그래서 선택적 주의라는 기능이 작동합니다. 도서관에서 책을 읽을 때, 주변의 속삭임과 작은 소음들 사이에서 책의 내용이 전경으로 떠오르고 나머지는 자연스럽게 배경이 됩니다.

의식은 또한 통합합니다. 분리된 정보들을 하나로 엮어 냅니다. 대화를 나눌 때, 상대방의 말과 표정, 목소리 톤과 몸짓이 각각 들어오지만, 의식은 이것을 하나의 메시지로 통합합니다. 파편화된 감각들이 하나의 의미 있는 전체가 되는 것입니다.

그리고 의식에는 이 모든 작용을 가능하게 하는 독특하고 핵심적인 능력이 하나 더 있습니다. 바로 자기인식입니다. 이것은 경험하면서 동시에 그 경험을 관찰하는 능력입니다. 슬픔에 빠져 있다가 '내가 지금 슬퍼하고 있구나.'라고 아는 것, 기쁨이 넘칠 때 그 기쁨 자체를 인식하는 것, 이는 인간 의식의 고유한 특성이며, 단순한 관찰에 그치지 않고 내면의 통합 과정을 이끄는 바탕이 됩니다.

받아들임이 문을 열고, 주의가 길을 밝히며, 통합 속에서 의미가 생겨납니다. 그리고 자기인식이 이 모든 과정을 비춥니다. 1부에서 살펴본 알아차림이 바로 이 자기인식의 힘을 키워 가는 과정입니다.

깊은 명상이나 몰입 상태에서 관찰과 경험이 하나 되는 합일 속에 온전히 머물 때 자아는 사라지며, 그곳에서 돌아왔을 때 자아가 고정된 실체가 아님을 통찰하게 됩니다. 이러한 경험이 반복되면서, 점차 일상 속에서도 관찰하는 의식이 배경으로 깔리기 시작합니다. 이렇게 관찰하는 의식으로 보면, 우리 내면에는 두 가지 구별되는 측면이 있습니다. 모든 경험이 펼쳐지는 의식이라는 '공간'과, 그 안에서 작동하는 자아라는 '역동적 중심'입니다. 마치 바다와 파도의 관계와 같습니다. 파도는 바다에서 일어나 다양한 모습으로 움직이다가 다시 바다로 돌아갑니다. 파도와 바다가 둘이 아니듯, 자아와 의식도 별개의 실체가 아니라 하나입니다.

이 자아는 의식의 어느 층위에 초점을 맞추느냐에 따라 다른 모습으로 드러납니다. 마치 라디오의 주파수를 맞추어 특정 방송을 듣는 것처럼, 자아는 무한한 의식 공간 속에서 특정한 경험을 현실로 이끌어 내는 살아 있는 초점입니다. 이 이해는 우리가 앞으로 탐구할 모든 것의 토대가 됩니다.

▶ 의식의 세 층위

의식을 고요히 들여다보면, 세 가지 층위가 드러납니다. 각각의 층위는 고유한 특성을 지니면서도 서로 긴밀하게 연결되어 있습니다. 이 구조는 나무와 닮았습니다. 하늘과 맞닿은 가지와 잎, 땅과 하늘 사이를 잇는 몸통, 그리고 땅속 깊이 뻗은 뿌리. 이처럼 나무가 하나의 생명체이듯, 의식의 세 층위도 분리되지 않은 전체입니다.

● 초월의식

먼저 초월의식입니다. 이곳은 일상을 넘어선 더 확장된 차원과 연결되는 공간입니다. 며칠간 고민하던 문제의 답이 산책 중에 번뜩이거나, 복잡한 실타래가 어느 순간 명확하게 풀립니다. 이것이 초월의식이 열리는 순간입니다.

이곳의 본질은 무한한 개방성과 순수한 명료함입니다. 고요하고 맑은 이곳에서, 우리는 일상의 복잡함을 벗어나 전체를 조망합니다. '내가 원하는 것은 무엇인가.' 같은 본질적 질문이 고요히 떠오르고, 논리를 넘어선 직관적 앎이 스며듭니다. 예술가의 영감도, 과학자의 통찰도 이 고요한 공간에서 일어납니다.

● 일상의식

일상의식은 우리가 살아가는 주된 활동 공간입니다. 끊임없는 사고와 감정이 오가는 역동적인 영역으로, 현실 적응의

　　　　　　　　2부 해부: 무엇이 나의 세계를 만드는가?

중심지입니다. 지금 이 글을 읽고 이해하는 것도, 오늘 해야 할 일을 떠올리는 것도, 친구와 대화를 나누는 것도 모두 이곳에서 일어납니다.

일상의식은 끊임없이 변화하는 현실에 반응하며, 안과 밖의 요구들 사이에서 균형을 잡습니다. 우리가 깨어 있는 동안 가장 많이 머무는 이곳은 외부 세계와 내면을 잇는 다리이자, 초월의식의 통찰을 행동으로 옮기고 심층의식의 충동을 조율하는 중개자입니다. 건강한 일상의식은 이 역할을 유연하게 수행하며 내적 균형을 유지합니다.

그러나 현대 생활의 과도한 자극과 요구는 이 공간을 쉽게 혼란에 빠뜨립니다. 쉴 새 없이 밀려드는 정보의 홍수, 끊임없는 과업의 압박, 타인과의 비교에서 오는 스트레스가 의식의 공간을 가득 메우면, 분별력과 조율 능력은 자취를 감추고 그 자리에는 불안과 피로만이 남게 됩니다.

● **심층의식**

마지막으로 심층의식입니다. 이곳은 의식의 가장 깊은 곳에 자리한 원초적 공간입니다. 생명력과 창조적 잠재력이 저장된 이곳은 그 깊이를 쉽게 가늠하기 어려운 영역입니다. 이 심층의식은 두 가지 독특한 방식으로 작동합니다.

첫째는 '자동성'입니다. 의식하지 않아도 심장이 뛰고 호흡이 계속되듯, 수많은 생명 유지 기능들이 이곳에서 자동으로 작동합니다. 또한 오랜 연습으로 익힌 자전거 타기, 악기 연주, 모국어 구사 같은 기술들도 이곳에 저장되어 필요할 때 자연스럽게 발현됩니다. 피아니스트가 의식하지 않고도 복잡한 곡을 연주할 수 있는 것 또한 이 심층의식의 작용입니다.

둘째는 '역동성'입니다. 겉으로는 잠들어 있는 것처럼 보이지만, 실제로는 끊임없이 일상의식에 영향을 미치고 있습니다. 강력한 생존 본능과 창조적 에너지가 여기서 솟아오르며, 해결되지 않은 과거의 상처와 억압된 감정들도 이곳에서 움직이고 있습니다. 때로는 꿈을 통해, 때로는 예기치 않은 감정의 폭발을 통해 자신의 존재를 드러냅니다. 이 원초적 에너지는 파괴적으로 분출될 수도, 창조의 원천이 될 수도 있습니다.

이 세 층위는 고정된 경계가 아니라 의식이 자유롭게 이동할 수 있는 열린 영역입니다. 나무의 뿌리에서 올라온 수분이 몸통을 거쳐 잎까지 전달되고, 잎에서 만든 영양분이 다시 뿌리로 내려가듯, 의식의 세 층위도 끊임없이 소통하며 서로를 지탱합니다. 우리는 상황에 따라 여러 층위를 경험하며 살아갑니다. 중요한 것은 각 층위가 지닌 고유한 가치를 인정하고,

　　　　　2부 해부: 무엇이 나의 세계를 만드는가?

그것들이 조화를 이루도록 하는 것입니다. 그런데 의식은 언제나 같은 상태로 있지 않습니다. 어떤 때는 맑고, 어떤 때는 흐립니다. 무엇이 이 차이를 만들까요?

▶ 본래의 밝음과 형성된 마음

오랜 수행 전통에서는 원신(元神)과 식신(識神)을 구분해 왔습니다. 원(元)은 근원, 식(識)은 분별, 신(神)은 정신 작용을 뜻합니다. 원신은 본래의 밝음입니다. 고요히 깨어서 모든 것을 비추되, 어느 것에도 물들지 않습니다. 식신은 살아가며 형성된 마음입니다. 배우고 기억하고 분별하며, 삶을 살아가는 데 필요한 기능을 수행합니다. 원신이 중심을 잡고 있으면 식신은 본래의 역할을 합니다. 분별해야 할 때 분별하고, 판단해야 할 때 판단하되, 붙잡지 않습니다. 그러나 원신이 가려지면 식신이 중심을 차지하고, 의식은 탁해지기 시작합니다.

1부에서 살펴본 알아차림은 원신이 드러나는 방식입니다. 마음의 혼란 속에서도 '지금 내가 혼란스럽구나.'라고 아는 것, 그것이 원신의 드러남입니다. 알아차림이 깊어져 알아차리는 자마저 사라지면, 원신만 고요히 빛납니다.

원신이 중심을 잡으면 본래의 밝음이 드러납니다. 이것이 의식이 맑아지는 것입니다. 맑아진 의식에는 자연스럽게 다섯 가지 특성이 드러납니다.

먼저 고요해집니다. 감정의 파도가 일어나도 그 아래 흔들리지 않는 평온이 있습니다.

고요해지면 선명하게 보입니다. 흐린 물이 가라앉으면 바닥이 보이듯, 그 안의 내용들이 또렷이 드러납니다. 복잡하게 얽혔던 문제의 핵심이 보이고, 중요한 것과 사소한 것이 자연스럽게 구별됩니다.

선명해지면 섬세해집니다. 이전에는 놓쳤던 미세한 신호들이 느껴집니다. 몸의 긴장, 감정의 결, 관계의 흐름이 감지됩니다.

섬세해지면 즉각 알아차립니다. 생각이 떠오르는 찰나, 감정이 피어나는 순간을 놓치지 않습니다.

그리고 마침내 있는 그대로 받아들입니다. 일어나는 모든

　2부 해부: 무엇이 나의 세계를 만드는가?

것을 '좋다'거나 '나쁘다'고 판단하기에 앞서, 먼저 받아들이는 공간이 열립니다. 모든 경험이 성장의 재료가 됩니다.

이 다섯 가지 특성이 함께 성숙하면, 의식은 삶을 깊이 경험하는 공간이 됩니다. 맑음이라는 고요한 바탕 위에서 상황의 본질을 명료하게 보고, 섬세하게 감지하며, 즉시 알아차리고, 있는 그대로 수용하는 것. 이것이 맑은 의식의 본래 모습입니다.

의식이 맑아지면 몸도 달라집니다. 가장 먼저 느껴지는 것은 잠과 식사의 변화입니다. 수면 시간이 줄어들고, 먹는 양도 자연스럽게 줄어드는데, 피곤하거나 허기지지 않습니다. 신체가 실제로 요구하는 적정한 양에 자연스럽게 맞춰지면서, 과도한 탐닉이나 결핍으로부터 자유로워집니다. 식신이 중심일 때는 끊임없는 생각과 감정의 마찰로 에너지가 소모되어 긴 잠과 많은 음식이 필요합니다. 그러나 원신이 중심을 잡으면 내면의 마찰이 줄어듭니다. 소모가 적으니 채울 것도 적어집니다. 이것은 불면이나 식욕 부진이 아닙니다. 고갈되어 못 자고 못 먹는 것이 아니라, 충만하여 덜 자고 덜 먹어도 되는 상태입니다.

삶의 흐름도 달라집니다. 안이 맑으면 밖도 맑아집니다. 애쓰지 않아도 필요한 때에 필요한 것이 나타나고, 막혔던 일이 자연스럽게 풀립니다. 맑아진 의식이 삶과 공명하기 때문입니다. 그러나 이 맑음이 저절로 유지되는 것은 아닙니다.

▶ 의식이 흐려질 때

의식에는 자연스러운 하강 경향이 있습니다. 물이 아래로 흐르듯, 의식도 내버려두면 낮은 쪽으로 미끄러집니다. 원신이 가려지면 이 하강은 더욱 빨라집니다. 맑은 상태를 유지하는 데는 에너지가 필요하지만, 떨어지는 데는 힘이 들지 않습니다. 이것이 방심하면 다시 미끄러지고, 수행을 놓으면 옛 패턴으로 돌아가는 이유입니다.

식신, 즉 형성된 마음에는 스스로를 지속하려는 관성이 있습니다. 생겨난 것은 사라질 수 있습니다. 사라질 수 있기에 두렵고, 두렵기에 붙잡습니다. 스스로를 확인하고, 정당화하고, 확장하려는 것은 이 두려움에서 비롯됩니다. 이것이 생각이 생각을 낳고, 걱정이 걱정을 부르며, 감정이 감정을 증폭시키는 이유입니다.

이 순환이 유지되려면 무엇이 필요할까요? 자기기만입니다. 스스로를 속이면서도 속이는 줄 모릅니다. 이것이 원신을

　○　　　　2부 해부: 무엇이 나의 세계를 만드는가?

가리고 식신이 중심을 차지하게 만드는 동력입니다. 이러한 자기기만은 여러 형태로 작동합니다.

먼저 합리화가 있습니다. 먼저 행동하고 나중에 이유를 붙입니다. '화낼 만했어.', '어쩔 수 없었어.', '누구라도 그랬을 거야.' 등 행동의 진짜 원인은 감추어지고, 그럴듯한 설명이 그 자리를 대신합니다.

투사도 그중 하나입니다. 자신이 억압한 것을 타인에게서 봅니다. 내 안의 분노를 상대의 공격으로, 내 안의 두려움을 세상의 위험으로, 내 안의 욕망을 타인의 유혹으로 바꾸어 놓습니다.

부정은 더 깊이 숨습니다. 보고 싶지 않은 것은 보이지 않습니다. 명백한 증거 앞에서도 '그럴 리 없어.'라고 말합니다. 진실을 외면하고, 그 외면조차 의식하지 못합니다.

선택적 기억도 작동합니다. 자신의 신념을 확인하는 것만 기억합니다. 백 번의 친절은 잊고 한 번의 무심함만 또렷이 남습니다. 과거마저 현재의 믿음에 맞추어 재구성됩니다.

그렇게 자기기만이 깊어지면 의식은 균형을 잃습니다. 균형을 잃은 의식은 네 방향으로 흔들립니다. 들뜨거나 가라앉고, 밖으로 갈구하거나 안으로 밀어냅니다. 불안과 무기력, 탐욕과 분노가 번갈아 나타나며, 때로는 뒤섞여 복잡한 양상을 만들어 냅니다.

　몸도 무거워집니다. 마음이 막히면 기운도 막힙니다. 순환하지 못한 기운은 고이고, 고인 기운은 탁해집니다. 잠을 자도 개운하지 않고, 먹어도 채워지지 않습니다. 안에서 새는 것을 밖에서 채울 수 없기 때문입니다. 흐려진 의식은 외부의 탁한 기운과 서로 끌어당깁니다. 맑은 의식에는 범접하지 못하던 것들이, 흐려진 의식에는 스며들 틈을 찾습니다. 원신이 중심을 잃고 에너지가 약해지면, 그 빈자리로 외부의 영향이 들어옵니다. 두려움, 분노, 강한 욕망이 그 틈을 더 벌립니다. '내가 아닌 것 같다', '무언가에 이끌리듯 행동했다'는 느낌은 이런 상태를 가리킵니다.

　이 모든 것은 식신이 어둠 속에서 무의식적으로 작동하기 때문입니다. 안이 먼저 무너져야 밖의 영향을 받고, 원신이 중심을 잡고 있으면 외부의 영향이 스며들 자리가 없습니다. 그래서 알아차림이 중요합니다. 빛을 비추어야 어둠 속의 움직임이 드러납니다. 의식이 흐려지는 과정은 한순간에 일어나지 않습니다. 불안과 무기력, 탐욕과 분노는 증상입니다. 그 증상이 깊어지는 데는 일정한 단계가 있습니다.

의식이 흐려지는 첫 단계는 외향입니다. 의식의 중심이 안에서 밖으로 이동합니다. 내면의 고요보다 외부의 자극에서 충족감을 찾기 시작하고, 자극이 없으면 불안해집니다. 아직 큰 문제처럼 보이지 않지만, 이미 무게중심이 기울기 시작한 것입니다.

다음은 산란입니다. 마음이 갈피를 못 잡고 흩어집니다. 흩어진 마음은 힘을 잃습니다. 깊이 생각하지 못하고, 모든 것이 피상적으로 느껴집니다.

중심 없이 떠도는 마음은 강한 자극 앞에서 무방비입니다. 산란한 마음은 강렬한 자극에 끌려갑니다. 그래서 산란 뒤에는 고착이 옵니다. 흩어진 마음이 특정한 대상에 달라붙어 떨어지지 않습니다. 얻으면 잃을까 두렵고, 잃으면 다시 얻으려 애씁니다.

고착이 깊어지면 의식 자체가 흐려집니다. 한곳에 묶인 마음은 전체를 볼 여유를 잃기 때문입니다. 판단력이 둔해지고 직관이 희미해집니다. 무엇이 중요하고 무엇이 사소한지, 무엇이 진짜이고 무엇이 환상인지 구별하기 어려워집니다.

흐림이 지속되면 침몰이 일어납니다. 흐려짐이 '보는 힘'의

약화라면, 침몰은 '떠오르는 힘'의 상실입니다. 스스로 맑아지려는 의지조차 사라지고, 자신이 가라앉았다는 사실마저 알지 못합니다.

마지막 단계는 동일시입니다. 식신이 완전히 중심 자리를 차지합니다. 습관적 반응과 자동화된 패턴이 '나'가 되어 버립니다. 내가 화를 내는 것이 아니라 화가 나를 집어삼키고, 내가 갈망하는 것이 아니라 갈망이 나를 끌고 다닙니다. 겉으로는 정상적으로 기능하지만, 안에는 주인이 없습니다. 그리고 이 상태에서는 주인이 없다는 것조차 모릅니다.

하강에는 또 다른 방향이 있습니다. 앞서 살펴본 여섯 단계가 의식이 '흐려지는' 과정이라면, 이것은 의식이 '어두워지는' 과정입니다. 흐려짐이 주인 없이 떠도는 것이라면, 어두워짐은 잘못된 것을 옳다고 믿으며 적극적으로 파괴적인 방향으로 나아가는 것입니다.

처음에는 정당화합니다. 잘못된 행동을 옳다고 믿습니다. '나는 피해자다.', '저들이 먼저 그랬다.', '이렇게 할 수밖에 없다.' 등 아직은 선악의 구분이 있고, 자신이 선의 편이라고 믿습니다.

정당화가 반복되면 둔감해집니다. 반복되는 행동이 감각을 무디게 합니다. 처음에는 꺼림칙했던 것이 점차 익숙해지고,

　　　　　2부 해부: 무엇이 나의 세계를 만드는가?

익숙한 것이 당연해집니다. 양심의 소리가 점점 작아집니다.

무뎌짐이 깊어지면 선악이 뒤집힙니다. 파괴가 정의가 되고, 잔인함이 강함이 되며, 거짓이 지혜가 됩니다. 이 단계에서 식신은 완전히 원신을 대체합니다.

마지막은 완전한 물듦입니다. 더 이상 자신이 물들었다는 것조차 모릅니다. 탁함이 자신의 본성이라고 믿습니다. 맑음의 가능성 자체를 부정합니다.

흐려짐의 여섯 단계—외향, 산란, 고착, 흐려짐, 침몰, 동일시—든, 어두워짐의 네 단계—정당화, 둔감, 선악의 전도, 완전한 물듦—든, 어느 날 갑자기 일어나는 일이 아닙니다. 알아차리지 못하는 사이, 조금씩 내려오는 것입니다. 지금 내가 어느 지점에 서 있는지 아는 것, 그것이 방향을 바꾸는 첫걸음입니다.

▶ 수행의 길

그래서 몸을 돌보고 일상을 정돈하는 것입니다. 수행이란 식신을 없애는 것이 아닙니다. 그것은 불가능하고, 필요하지도 않습니다. 수행은 원신의 힘을 길러, 식신이 중심을 차지하지 못하게 하고 본래의 기능을 하도록 하는 과정입니다.

행위는 흔적을 남깁니다. 바른 행위는 에너지를 맑게 하고, 맑은 에너지는 의식을 밝힙니다. 밝은 의식은 다시 바른 선택으로 이어집니다.

반대도 마찬가지입니다. 탁한 행위는 에너지를 흐리게 하고, 흐린 에너지는 의식을 어둡게 합니다. 어두운 의식은 또다시 탁한 선택으로 이어집니다. 이것이 업(業)의 원리입니다. 행위가 씨앗이 되어 무의식에 심어지고, 그 씨앗에서 다시 행위가 자라납니다.

그래서 수행은 의식만의 문제가 아닙니다. 일상의 작은 선택들, 말과 행동 하나하나가 내면의 질서를 만들어 갑니다. 처음에는 의지로 바른 것을 선택해야 하지만, 그 선택이 쌓이면 바른 것이 자연스러워집니다. 바른 업이 나를 이끌기 시작하는 것입니다.

처음에는 이 질서를 세우는 데 힘이 듭니다. 익숙한 것을 거스르기 때문입니다. 자극적인 음식에 길들여진 혀에는 맑은 음식이 싱겁게 느껴지고, 산만함에 익숙한 마음에는 고요가 지루하게 느껴집니다.

그러나 그 고비를 넘으면 상황이 달라집니다. 맑은 음식을 먹다 보면 몸이 가벼워지고, 그 담백한 맛이 좋아지기 시작합니다. 고요 속에 머물다 보면 그 평화가 편안해지고, 시끄러움이 오히려 거북해집니다. 처음에는 애써 올라가야 했던 곳이, 어느 순간 자연스럽게 머무는 자리가 됩니다.

이것이 수행의 역설입니다. 자연스러운 흐름을 거스르는 것처럼 시작하지만, 결국 본래의 자연스러움으로 돌아가는 것입니다. 깨어 있으면 물들지 않습니다. 원신이 중심을 잡고 있는 한, 식신은 제 역할을 할 뿐입니다.

▶ 확장과 심화의 여정

가려졌던 원신이 드러나 중심을 잡으면, 의식의 더 넓은 차원으로 나아갈 수 있습니다. 이 여정에는 두 가지가 필요합니다. 알아차림이 공간을 열고, 의도가 방향을 정합니다. 의도는 질문의 형태로 구체화됩니다. '어떻게 스트레스를 해결할 것인가.'에서 '왜 나는 이것에 반응하는가.'로, 다시 '반응하는 나는 누구인가.'로 어떤 질문을 품느냐가 어느 층위로 향하는지를 결정합니다.

여정에는 두 방향이 있습니다. 위로는 초월의식을 향한 확장의 길이 있고, 안으로는 심층의식을 향한 심화의 길이 있습니다.

초월의식으로 나아가는 길은 일상적 노력과는 다른 접근을 요구합니다. 그것은 '내맡김'을 통해 일어납니다. 동양의 수행 전통에서 말하는 '무위(無爲)'와 닮아 있습니다. 하지 않음으로써 이루어지는 역설, 놓아야 얻는 길입니다. 일상의식이 분별하고, 선택하고, 통제하는 능동적 방식으로 작동한다면, 초월의식은 받아들이고, 공명하고, 하나가 되는 수용적 방식으로 작동합니다. '하는' 것을 멈추고 '되는' 것을 허용할 때, 항상 거기 있었지만 가려져 있던 차원이 드러납니다.

이 내맡김은 포기나 무기력과는 다릅니다. 오히려 더 큰 지혜를 신뢰하는 적극적인 선택입니다. 강을 거슬러 헤엄치던 사람이 몸을 맡기면 강물에 자연스럽게 흘러가듯, 통제하려는 욕구를 내려놓을 때 가장 깊은 통찰이 찾아옵니다.

의식 확장에는 순서가 있습니다. 바로 심층의식이 어느 정도 안정되었을 때 비로소 초월로의 문이 열린다는 점입니다. 내면의 상처가 치유되고 기본적인 안정감이 확보되었을 때, 우리는 더 큰 차원을 향해 자신을 열 수 있게 됩니다. 땅에 뿌리를 든든히 내린 나무만이 하늘을 향해 가지를 뻗을 수 있습니다.

한편 심층의식으로 들어가는 길은 다른 종류의 용기를 필

　　　　　　　2부 해부: 무엇이 나의 세계를 만드는가?

요로 합니다. 그곳에는 빛과 그림자가 함께 존재합니다. 억압된 감정과 해결되지 않은 상처가 있는 동시에, 원초적 생명력과 창조적 잠재력도 함께 숨 쉬고 있습니다.

심층으로의 여행에서 핵심은 관찰하는 의식을 유지하는 것입니다. 오래 묻혀 있던 기억들, 세대를 거쳐 전해진 무의식적 패턴들, 아직 깨어나지 않은 가능성들이 서서히 표면으로 떠오릅니다. 어린 시절의 상처가 갑자기 생생하게 떠오르기도 하고, 선대로부터 물려받은 두려움이 드러나기도 합니다. 이들을 마주할 때는 압도되지도 거부하지도 않는 중립적 시선이 필요합니다.

무엇보다 이 과정은 서두른다고 되는 것이 아닙니다. 급하게 변화시키려 하면 오히려 저항만 커집니다. 충분히 드러나기를 기다리는 인내, 모든 발견을 받아들이는 너그러움, 그리고 어떤 폭풍 속에서도 중심을 지키는 고요함. 이 세 가지가 심층을 탐험하는 자의 나침반이 됩니다.

두 길은 서로 다른 방향을 향하는 것처럼 보이지만 결국 하나의 지점에서 만납니다. 초월의 밝음이 심층의 어둠을 비추고, 심층의 생명력이 초월의 통찰에 힘을 실어 줍니다. 하늘의 빛이 땅속 씨앗을 깨우고, 땅의 영양분이 하늘을 향한 성장을 가능하게 하듯, 의식의 가장 높은 곳과 가장 깊은 곳이 서로를 비추며 온전한 통합으로 나아갑니다.

그렇다면 의식이라는 공간 안에서 '자아'는 어떤 역할과 기능을 통해 우리의 삶을 만들어 갈까요? 이제 그 구체적인 모습을 살펴볼 차례입니다.

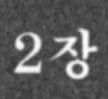

자아와 기능

: 10가지 내면 역량의 양면성

우리는 하루를 살며 여러 모습으로 존재합니다. 직장에서의 나, 가족과 함께하는 나, 혼자 있을 때의 나. 각각의 상황에서 다른 말투, 다른 표정, 다른 생각을 합니다. 그런데 이 모든 다른 모습에도 불구하고 '나'라는 연속성은 유지됩니다.

이 '나'는 의식의 어느 층위에 머무느냐에 따라 다른 얼굴을 보입니다. 초월의식에서는 지혜로 나타나고, 일상의식에서는 실행력으로 움직이며, 심층의식에서는 생명력으로 솟아납니다. 언뜻 전혀 다른 세 존재처럼 느껴지지만, 본질은 하나입니다. 물이 조건에 따라 수증기도 되고 얼음도 되듯, 하나의 본성이 머무는 공간에 따라 다른 모습으로 드러날 뿐입니다.

▶ 초월자아—전체를 조망하는 지혜

초월의식은 무한한 가능성과 통찰이 본래부터 존재하는 공간입니다. 마음의 동요가 잠잠해지면, 이 광활한 본성이 스스로 모습을 드러냅니다. 마치 구름이 걷히면 본래 있던 하늘이 보이듯. 초월자아는 바로 이 열린 공간에서 깨어나는 자아의 가장 확장된 모습입니다.

초월자아가 깨어나면 시야가 달라집니다. 개인을 넘어 보편을 봅니다. 나의 고통이 인간 공통의 아픔임을 알아차리고, 작은 성취에서 생명의 경이를 발견하며, 개인적 경험이 보편적 의미로 확장됩니다. 이것은 관념이 아니라 직접적 체험입니다. 자연 속에서 문득 자신이 전체의 일부임을 느끼거나, 타인의 고통이 곧 나의 고통임을 아는 순간들입니다.

이런 의식 속에서는 삶을 대하는 방식이 달라집니다. '나는 왜 여기 있는가?', '내 삶이 전체에 어떤 기여를 하는가?' 이런 질문들이 방향이 됩니다.

초월자아는 네 가지 고유한 기능을 통해 작동합니다. 그 바탕에는 판단 없이 있는 그대로를 비추는 순수한 관찰이 있습니다. 이 관찰의 맑음 위에서 본질을 향해 나아가는 탐구, 분열된 것을 하나로 잇는 치유, 현재의 한계를 넘어서는 비전

                          2부 해부: 무엇이 나의 세계를 만드는가?

이 드러납니다.

그러나 일상자아가 초월에 머물러 있으려 할 때, 균형이 깨집니다. 깨달음에 집착하고, 일상을 무의미하게 여기며, 통찰이 우월감으로 변질됩니다. 그때 초월자아는 현실을 외면하는 은신처가 되고, 지혜는 관념의 감옥이 됩니다.

▶ 일상자아—현실을 구축하는 실행자

일상의식은 우리가 깨어 있는 대부분의 시간을 보내는 공간입니다. 일상자아는 시간과 공간, 관계와 일, 한계와 가능성, 이 모든 것을 다루며 매일의 현실을 엮어 갑니다.

일상자아는 먼저 현실을 있는 그대로 봅니다. 꿈과 현실을 구분하고, 가능한 것과 불가능한 것을 분별합니다. 일상자아가 움직일 때, '세상을 바꾸고 싶다'는 마음은 '우선 내가 속한 곳부터'로 구체화됩니다. 시간을 다루는 것도 마찬가지입니다. 과거의 경험을 현재에 적용하고, 현재의 선택으로 미래를 만들어 갑니다. 마감 앞에서 일정을 조율하고, 장기 목표를 위해 지금의 욕구를 조절하며, 과거와 현재, 미래를 오가며 삶에 연속성과 방향을 놓아 갑니다.

현실과 시간을 다루는 일상자아는, 관계 속에서도 유연하게 움직입니다. 회사에서, 집에서, 친구들과. 하루에도 여러 역할을 오가지만, 자신을 잃지 않습니다. 반대할 때는 분명히 표현하되 공격하지 않고, 거절할 때는 단호하되 존중을 잃지 않습니다. 자신의 진실과 현실의 요구 사이에서 조화를 찾아가는 것, 이것이 일상자아가 건강하게 기능하는 모습입니다.

외부 세계를 다루는 동안, 일상자아는 내면에서도 조용히 일합니다. 서로 다른 목소리들 사이의 중재자가 됩니다. '지금 당장 쉬고 싶다'는 욕구와 '일을 끝내야 한다'는 책임감, 이 둘 사이에서 제3의 길을 찾아냅니다. 즉각적 만족과 장기적 결과를 함께 품을 수 있는 창의적인 답을 만들어 갑니다.

그러나 일상자아가 특정 감정이나 욕구에 물들면, 이 균형은 무너집니다. 불안에 물들면 모든 것을 통제하려 들고, 일정을 빈틈없이 채우며, 작은 변화도 위협으로 받아들입니다. 욕망에 물들면 멈출 수 없습니다. 목표를 이뤄도 다음 목표로 내달리며, 쉼 없이 더 많은 것을 추구합니다.

일상자아가 계획하고 실행하는 동안, 그 아래에서는 다른 힘이 흐릅니다. 논리보다 빠른 직감, 언어 이전의 느낌. 이제 그 근원적 층위로 내려가 볼 차례입니다.

　　　　　2부 해부: 무엇이 나의 세계를 만드는가?

▶ 심층자아—생명 에너지의 원천

생명력이 흐르고 창조성이 피어나는 곳입니다. 이곳에 심층자아가 있습니다. 말 이전에 느끼고, 생각 이전에 아는 힘입니다. 세대를 거쳐 전해진 생명의 기억, 억눌렸던 감정의 응어리, 아직 깨어나지 않은 창조적 잠재력이 모두 이곳에 공존합니다. 여기에는 순수한 충동이 살아 숨 쉽니다. 논리와 계산을 모르는 호기심과 경이로움으로 세상을 만납니다. 좋아하는 음악에 저절로 몸이 움직이고, 맛있는 음식 앞에서 행복해하며, 아름다운 것 앞에서 넋을 잃습니다.

위험을 감지했을 때 몸이 먼저 반응하고, 특정 사람을 만났을 때 이유 없이 편안하거나 불편하며, 익숙한 냄새에 오래된 기억이 되살아납니다. 이 모든 신체적 신호는 일상자아가 논리적으로 분석하기 전에 이미 알고 있는 것들입니다.

그러나 이 생명력은 순수할 수도, 왜곡될 수도 있습니다. 충족되지 못한 욕구, 억압된 본능, 해결되지 않은 상처가 생명력의 흐름을 왜곡하면, 같은 에너지가 전혀 다른 모습으로 드러납니다. 이 생명력이 건강하게 흐르려면 세 자아의 조화가 필요합니다. 알아차림이라는 빛 없이 무작정 통제를 놓아 버리면, 억눌렸던 것들이 파괴적 형태로 쏟아져 나올 수 있습니다. 초월자아의 지혜로운 통찰이 심층의 상처를 비추고, 일상자아의 안정된 현실 감각이 그 과정을 안전하게 지탱할 때, 갇혀 있던 생명력이 비로소 창조적인 에너지로 흐를 수 있습니다. 이 세 자아가 구체적으로 어떤 기능을 통해 작동하는지, 이제 하나씩 살펴보겠습니다.

▶ 초월자아의 네 기능

초월자아는 존재의 가장 확장된 차원에서 작동합니다. 일상의 제약을 넘어서는 가능성을 보고, 더 큰 의미와 연결되며, 존재의 깊이를 탐구합니다. 이 자아는 네 가지 핵심 기능을 통해 드러납니다. 두려움과 결핍이 스며들면, 이 기능들은 차갑고 공허한 모습으로 변하기도 합니다.

● 순수 관찰자와 냉담한 방관자

맑은 상태의 순수 관찰자는 판단 없이 있는 그대로를 목격합니다. 자신과 타인의 고통 앞에서도 압도되지 않고, 기쁨에도 집착하지 않습니다. 감정의 파도가 일어나도 평온한 중심을 유지하는 것이 가능합니다.

그런데 언제부터인가 관찰하는 눈에서 온기가 사라지기 시작합니다. 어떤 이들은 너무 많은 고통을 목격한 나머지 마침내 감각이 마비됩니다. 병원 복도를 오가며 죽음을 일상처럼 마주하는 의료진처럼, 반복되는 비극 앞에서 '느끼면 살아갈 수 없을 거 같다'며 스스로 느끼기를 포기하고 마음의 문을 닫아 버립니다.

또 어떤 이들은 변화를 시도하다 거대한 한계에 부딪힙니다. 관계를 바꾸려 해도 상대는 달라지지 않았고, 부당함에 맞서자 더 높은 벽만을 실감했습니다. '어차피 소용없다'는 체념이 굳어지면, 결국 다음 시도를 멈추게 됩니다.

때로는 문화 자체가 우리를 차갑게 만들기도 합니다. '쿨한 것이 멋진 것'이라는 시대정신 속에서, 감정을 드러내는 것은 약함의 증거가 되고, 초연함만이 성숙함으로 인정받습니다. 그렇게 우리는 느끼는 법을 잊어 갑니다.

이 모든 길의 끝에는 비슷한 공허의 감각이 있습니다. 자신과의 연결이 끊어지고, 타인과의 연결이 사라지며, 삶의 의미와도 멀어집니다. 한때 따뜻했던 관찰자의 눈은 이제 차가운 유리창이 되어, 세상을 보되 느끼지 않습니다.

그 온기를 되찾으려면, 왜 차가워져야 했는지를 먼저 마주해야 합니다. 그 아픔을 받아들일 때, 작은 감각부터 다시 깨

어납니다. 감각이 돌아오면서 관찰자의 눈에도 온기가 돌아
옵니다.

● 진리 탐구자와 독단적 설교자

건강한 진리 탐구자는 끊임없이 질문하는 영원한 학생입니
다. 자신의 이해가 부분적임을 알고 새로운 관점을 환영합니
다. "모릅니다."라고 말하는 것을 부끄러워하지 않습니다.

열린 질문이 닫힌 답이 되는 순간은 조용히 찾아옵니다.
어린 시절 '왜?'라고 물을 때마다 '말대답하지 말라'는 꾸짖음
을 들었던 기억, '모른다'고 하면 무능하다고 비웃음당했던 상
처가 우리를 확신의 갑옷 속으로 밀어 넣습니다. 불확실함은
곧 위험이라고 믿게 됩니다.

때로는 하나의 강렬한 깨달음이 우리를 사로잡습니다. 영
적 체험이든 지적 통찰이든, 그 황홀한 확신의 순간에 도취되
어 다른 모든 가능성의 문을 닫아 버립니다. 내가 본 것만이
진리이고, 나머지는 모두 무지의 산물이라고 선언합니다. 혹
은 삶의 불확실성이 주는 불안을 견딜 수 없어, 급조된 확신
이라도 붙잡으려 합니다. 흑백논리가 주는 단순함, 정해진 답
이 주는 명확함 속에서 잠시나마 안정을 찾습니다.

그렇게 탐구자는 설교자가 되고, 질문은 선언이 되며, 대

　　　　　　　　2부 해부: 무엇이 나의 세계를 만드는가?

화는 독백이 됩니다. 모호함과 복잡성을 견디는 힘이 사라질 때, 우리는 단순하고 명확한 답에 매달리게 됩니다.

독단에서 벗어나는 첫걸음은 "모릅니다."라고 말할 수 있는 용기를 회복하는 것입니다. 확신을 잠시 내려놓고 다른 관점을 들어보는 연습이 필요합니다. 열린 자세를 취할 때 오히려 더 깊은 앎에 닿게 됩니다.

● 통합 치유자와 강박적 구원자

통합 치유자는 분열된 내면을 통합하고 전체성을 회복시킵니다. 자신의 상처를 먼저 인정하고 치유하며, 그 경험을 통해 타인의 고통을 이해합니다. 맑음과 물듦을 모두 품으며, 분노 뒤의 상처를 알아차립니다.

하지만 자신의 상처를 돌보는 대신 타인을 구원하는 데 몰두하는 함정에 빠지기도 합니다. 어떤 이들은 치유되지 않은 자신의 상처를 타인 속에서 발견합니다. 어린 시절 돌봄받지 못했던 자신을 노숙인의 눈에서, 학대받는 아이의 울음에서, 외로운 노인의 뒷모습에서 만나게 됩니다. 그들을 구원하면서 실은 과거의 자신을 치유하려는 것입니다. 이 무의식적 동기를 알아차리지 못한 채 대리 치유의 환상에 빠집니다.

또 어떤 이들은 '치유자'라는 우월한 위치에서 자신의 가치를 확인합니다. 도움을 주는 자와 받는 자, 건강한 자와 병든 자라는 이분법 속에서만 안전함을 느낍니다. 가족에서 학습된 '돌봄 제공자' 역할이거나, 전문가 문화가 부여한 권위에 취한 것일 수도 있습니다.

때로는 자기 직면의 고통이 너무 커서 타인의 문제로 도피하기도 합니다. 자신의 취약함을 드러내는 것이 위험했던 환경에서, 타인을 돕는 것만이 유일하게 허용된 연결 방식이었던 이들입니다. 주는 것은 할 수 있지만 받는 것은 할 수 없는, 기울어진 저울 위에서 균형을 잡으려 애씁니다.

결국 이 모든 길은 자기 직면의 두려움에서 시작됩니다. 자신의 상처와 한계를 인정하는 것보다 타인을 구원하는 것이 더 안전하게 느껴질 때, 치유자는 강박적 구원자가 됩니다.

회복의 핵심은 '나 역시 성장하는 과정에 있음'을 인정하는 것입니다. 완벽한 치유자가 되려는 압박을 내려놓고, 자신의 상처와 욕구에 귀 기울이는 것이 중요합니다. 치유는 일방적 도움이 아니라 함께 성장하는 여정입니다.

● 비전 창조자와 환상의 건축가

비전 창조자는 현재의 한계를 넘어서는 가능성을 그립니다. 원대한 꿈을 꾸면서도 현실로 만들기 위한 구체적 단계를 함께 계획합니다. 실패를 배움의 과정으로 받아들이며, 그 비전을 혼자가 아닌 함께 이루어 갈 꿈으로 품습니다.

꿈이 현실과 만나기를 거부하는 순간이 옵니다. 이상과 현실 사이의 간극이 너무 깊어 보일 때, 우리는 다리를 놓는 대신 환상 속으로 도피합니다. 구체적인 첫걸음을 떼는 것보다 거대한 청사진을 그리는 것이, 실제로 시도하는 것보다 완벽한 계획을 세우는 것이 더 안전하게 느껴집니다.

어린 시절 '넌 뭐든 할 수 있어.'라는 비현실적 기대 속에서 자란 이들도 있습니다. 한계를 인정하는 법을 배우지 못한 채, 불가능한 것도 의지만 있으면 가능하다고 믿습니다. 실현 가능성을 따지는 것은 나약함이고, 제약을 고려하는 것은 패배주의라고 여깁니다.

혹은 과거에 큰 꿈이 무너진 경험이 우리를 계획 단계에만 머물게 합니다. 실패의 상처가 너무 깊어, 다시는 그런 아픔을 겪고 싶지 않습니다. 그래서 시작하지 않습니다. 영원한 준비 단계, 끝없는 계획 수정 속에서 실패할 가능성 자체를 차단합니다.

이 모든 것은 현실 직면의 두려움에서 비롯됩니다. 꿈을 현실로 만드는 과정에서 마주할 한계와 좌절, 평범함과 지루함을 받아들이지 못할 때, 우리는 환상의 성에 갇히게 됩니다.

환상에서 벗어나려면 거대한 계획을 잠시 내려놓고, 오늘 할 수 있는 한 가지를 찾는 것이 중요합니다. 현실의 제약이 벽이 아니라 비전을 실현하는 토대임을 깨달을 때, 작은 변화들이 쌓여 큰 변화를 만들어 갑니다.

▶ 일상자아의 세 기능

일상자아는 우리가 일상을 살아가는 실제적 운영 체제입니다. 세 가지 핵심 기능-현실 실행, 시간 관리, 관계 조율-을 통해 현실을 구축합니다. 이들이 건강하게 작동할 때, 균형 잡히고 진정성 있는 삶이 가능해집니다.

● 현실 실행자와 강박적 통제자

현실 실행자는 꿈을 현실로 만드는 실천가입니다. 목표와 과정의 균형을 알며, 계획을 세우면서도 상황에 따라 유연하게 조정합니다. 실패를 배움으로 삼고, 작은 성과를 쌓아가며 앞으로 나아갑니다.

유연함이 경직으로 변하는 지점이 있습니다. 예측할 수 없는 환경에서 자란 기억이 우리를 통제의 노예로 만듭니다. 알코올 중독 부모의 변덕스러운 기분, 불안정한 가정의 예고 없는 폭풍 속에서 살아남은 이들은 통제만이 안전을 보장한다고 믿게 됩니다. 모든 변수를 계산하고, 모든 가능성을 대비하며, 우연이 끼어들 틈을 남기지 않으려 합니다.

때로는 '실수는 곧 재앙'이라는 메시지가 우리를 옭아맵니다. 99점도 실패였던 어린 시절, 작은 실수도 용납되지 않던 환경에서 자란 이들은 완벽함에 중독됩니다. 세밀한 계획표, 촘촘한 일정, 여러 겹의 안전장치로 불확실성을 봉인하려 합니다.

혹은 한 번의 큰 상실이 우리를 바꿔 놓습니다. 통제력을 잃어 소중한 것을 놓쳤던 기억, 준비하지 못해 기회를 날렸던 후회가 강박적 대비로 이어집니다. 다시는 그런 일이 없도록, 모든 것을 손아귀에 쥐려 합니다.

결국 불확실성에 대한 공포가 우리를 지배합니다. 삶을 완전히 통제할 수 없다는 것을 받아들이지 못하고 통제를 통해 안전을 확보하려 할 때, 실행자는 통제자가 되고, 유연함은 강박이 됩니다.

강박에서 벗어나는 첫걸음은 통제 밖으로 나가는 실험입니다. 하루에 한 시간은 계획 없이 흘러가도록 두고, 작은 결정을 타인에게 맡겨 봅니다. 통제하지 않아도 세상은 무너지지 않는다는 것, 그 안전감을 경험하는 것이 핵심입니다.

● 자아 조율자와 분열된 연기자

자아 조율자는 다양한 상황에서도 일관된 핵심 자아를 유지합니다. 상황별로 적절한 역할을 수행하되 중심을 잃지 않으며, 자신의 모든 면을 포용합니다.

하지만 '조건부 사랑'의 기억이 우리를 '분열된 연기자'로 만들기도 합니다. 착할 때만 인정받고, 웃을 때만 사랑받았던 어린 시절. 화를 내면 '버릇없다'고, 슬퍼하면 '약하다'고 들었던 그 순간들. 우리는 진짜 감정을 숨기고 기대에 맞는 가면을 쓰는 법을 배우곤 합니다.

청소년기나 큰 변화의 시기에 정체성이 흔들렸던 이들도 있습니다. 나는 어떤 사람인지 질문하기도 전에, 부모가 원하는 모습을 강요받고 타인이 규정한 정체성 안에 갇혔습니다.

결국 가면은 습관이 되고, 역할은 정체성이 됩니다. 그렇게 진짜 자신이 누구였는지 잊어버리게 됩니다.

분열에서 벗어나는 길은 의외로 단순합니다. 가장 안전한 관계에서부터 진솔한 표현을 시도하는 것입니다. '사실은 잘 모르겠습니다.', '도움이 필요합니다.' 같은 취약함의 표현이 관계를 깨뜨리지 않고 오히려 깊게 만든다는 경험이 회복의 시작입니다.

   2부 해부: 무엇이 나의 세계를 만드는가?

● 경계 설정자와 갈등 회피자

경계 설정자는 자신과 타인 사이에 건강한 경계를 만듭니다. 유연하면서도 명확한 경계를 유지하며, 자신의 한계를 알고 타인의 영역도 존중합니다. 하지만 과거의 경험이 이 균형을 왜곡시키기도 합니다.

어떤 이들은 갈등의 파괴력을 목격한 후 모든 대립을 피하게 됩니다. 부모의 싸움이 이혼으로, 작은 다툼이 폭력으로 번졌던 기억. 갈등은 곧 관계의 죽음이라고 학습한 이들은 어떤 불편함도 감수하며 평화를 유지하려 합니다. '아니오.'라는 한마디가 모든 것을 무너뜨릴 것 같아 늘 '네.'라고만 답합니다.

또 순응해야만 사랑받을 수 있던 이들이 있습니다. '착한 아이'의 굴레 속에서 자란 이들, 거절하면 '이기적'이라고, 경계를 세우면 '차갑다'고 들었던 이들입니다.

때로는 문화 자체가 개인의 경계를 지우기도 합니다. 화합이 최고의 미덕이고, 개인보다 집단이 우선인 문화. '정 때문에', '의리상', '체면상' 거절할 수 없는 수많은 이유. 그 속에서 자신의 경계를 지키는 것은 이기적인 일이 되고, 거리를 두는 것은 배신이 됩니다.

결국 거절에 대한 두려움이 우리를 지배합니다. 경계를 세우면 관계를 잃을 것이라는 공포가, 모든 요구를 수용하게 만들거나 아예 모든 관계를 차단하게 만듭니다.

회복의 시작은 가장 안전한 관계에서부터 작은 거절을 연습하는 것입니다. 대안이나 조건을 제시하는 유연한 거절법을 익히는 것이 유용합니다. 경계는 벽이 아니라 문입니다. 필요할 때 열고 닫을 수 있는 유연한 보호막이라는 인식이 중요합니다.

▶ 심층자아의 세 기능

심층자아는 존재의 가장 원초적이고 본능적인 차원입니다. 수백만 년 진화의 지혜가 압축되어 있고, 가장 순수한 생명력이 깃들어 있습니다. 이는 다음 세 가지 근원적 기능을 통해 작동합니다. 건강하게 작동할 때, 생동감 있고 직관적인 삶이 펼쳐집니다.

● 내면아이와 상처받은 아이

내면아이는 경이와 호기심으로 가득한 영원한 탐험가입니다. 놀이를 즐기며, 실패도 게임의 일부로 받아들입니다. 선입견 없이 세상을 탐구하고, 순간에 온전히 몰입합니다. 하지만 너무 일찍 어른이 되어야 했던 시간들이 이 아이의 놀이를 멈추고 경이를 잃게 만듭니다.

부모의 이혼, 가족의 병, 생계의 무게 앞에서 아이답게 사는 것은 사치였습니다. 인형 놀이 대신 동생을 돌봐야 했고, 친구들과 뛰어놀 시간에 아픈 부모를 간호해야 했습니다. 자신의 욕구를 말하기도 전에 타인의 필요를 채워야 했던 이들은, 어른이 되어서도 놀 줄 모르고, 자신이 무엇을 원하는지도 모릅니다.

정서적으로 방치되었던 순간들도 있습니다. 밥은 먹여 주었지만 마음은 안아 주지 않았던 부모, 성적은 물었지만 마음은 묻지 않았던 어른들. ‘잘했어’는 들어봤지만 ‘괜찮아’는 들어보지 못한 이들은 끊임없이 인정을 갈구하며 살아갑니다. 칭찬이 없으면 자신이 사라지는 것 같습니다.

이 모든 것은 충족되지 못한 기본 욕구의 절규입니다. 놀이, 인정, 안전, 탐험의 욕구가 채워지지 못할 때, 우리는 왜곡된 형태로라도 그것을 추구하게 됩니다.

치유는 억눌렀던 감정과 욕구를 인정하는 것에서 시작됩니다. 그동안 ‘유치하다’고 무시했던 작은 즐거움들을 죄책감 없이 허락하는 연습이 필요합니다. 좋아하는 간식을 먹는 일, 목적 없는 산책, 혼자만의 취미 같은 것들을 하나씩 되찾을 때, 인정받기 위해 애쓰던 강박에서 벗어날 수 있습니다. 성과가 아닌 과정 자체에서 만족을 느끼기 시작하면, 상처받은 아이의 결핍은 서서히 채워집니다.

● 몸의 목소리와 몸의 침묵

몸의 목소리는 신체가 전하는 모든 지혜와 직접 소통하는 능력입니다. 배고픔과 포만감, 피로와 활력, 직관적 앎과 본능적 신호를 명확히 느낍니다.

그러나 이 지혜로운 신호는, 어느 순간부터 '극복해야 할 나약함'으로 전락하고 맙니다. 정신을 우월하게 여기는 문명의 가르침이 우리를 몸으로부터 멀어지게 합니다. '몸은 정신의 하인'이라는 서구의 이원론, '육체는 영혼의 감옥'이라는 종교적 가르침. 그 속에서 몸의 신호를 무시하는 것이 미덕이 되고, 피로를 느끼지 않는 것이 강인함이 됩니다. 배고픔도, 피곤함도, 아픔도 모두 극복해야 할 나약함일 뿐입니다.

몸과 연결되는 것 자체가 고통인 이들도 있습니다. 신체적 학대의 기억, 성적 트라우마의 상처가 몸을 적으로 만들었습니다. 느끼면 아픈 기억이 되살아나기에, 차라리 느끼지 않기를 선택합니다. 의도적으로 감각을 차단하고, 머리로만 세상을 이해하려 합니다.

     2부 해부: 무엇이 나의 세계를 만드는가?

성과주의 문화도 우리를 몸으로부터 단절시킵니다. '아파도 참고 일해야 한다.', '쉬는 것은 게으름이다.' 이런 메시지들 속에서 우리는 몸의 신호를 무시하고 밀어붙이는 법을 배웁니다. 그러다 어느 날 갑자기 몸이 무너집니다.

이 모든 양상의 근본에는 몸에 대한 불신과 단절이 있습니다. 몸을 통제 대상으로만 보고 동반자로 인식하지 못할 때, 우리는 가장 오래된 지혜와 단절됩니다.

몸과 정신의 단절을 회복하는 것이 모든 치유의 시작입니다. 개념적 이해가 아닌 직접적 체험으로 돌아가는 연습이 필요합니다. 하루에 여러 번 멈춰 서서 몸의 현재 상태를 판단 없이 느껴 보는 것이 시작점이 됩니다. 생각보다 감각을 존중하고, 논리적 판단보다 직관적 느낌을 신뢰하는 연습이 중요합니다. 이것은 원시로의 회귀가 아니라 문명의 지성과 몸의 지혜가 통합되는 과정입니다.

● 원초적 생명력과 어둠의 중독

원초적 생명력은 존재의 가장 근원적인 에너지입니다. 단순한 생존 욕구를 넘어서, 삶 그 자체를 누리고 창조하려는 근본 충동입니다. 먹고, 마시고, 만나고, 싸우고, 사랑하는 모든 원초적 욕구가 여기서 솟아납니다. 거칠고 야생적이지만,

그것이 생명의 본래 모습입니다.

하지만 이 원초적 힘을 억압하거나 거부할 때 문제가 시작됩니다. '욕망은 더러운 것', '충동은 위험한 것', '본능은 동물적인 것', 이런 메시지들이 자연스러운 생명력을 지하로 밀어냅니다. 억눌린 것은 사라지지 않고 어둠 속에 머뭅니다. 받아들여지지 못한 에너지는 무의식에서 왜곡되고 축적되다가, 어느 날 전혀 예상치 못한 형태로 터져 나옵니다. 중독, 일탈, 폭력. 모두 억압된 생명력의 일그러진 얼굴입니다.

무감각해진 일상이 우리를 극단으로 내몹니다. 자극에 둔감해진 현대인들, 더 강한 것만 찾아 헤매는 중독자들. 일상의 작은 기쁨을 느끼지 못하게 되자, 극단적 자극에서만 살아 있음을 확인합니다. 아찔한 스포츠, 위험한 도박, 죽음의 문턱에서야 비로소 생명을 느낍니다.

공허를 견딜 수 없어 자신을 파괴하기도 합니다. 실존적 무의미, 깊은 우울, 그것들을 직면하기보다는 강렬한 자극으로 마비시킵니다. 자해의 고통이 마음의 고통보다 나을 때, 파괴적 행동이 무감각보다 나을 때, 이 극단은 사실 살고 싶다는 절규입니다.

이 모든 왜곡의 공통 원리는 하나입니다. 건강한 통로가 막힐 때, 생명력은 파괴적 형태로라도 분출구를 찾습니다.

　회복은 파괴적 충동 이면의 억압된 욕구를 이해하는 것에서 시작됩니다. 그 충동이 무엇을 원하는지, 어떤 생명력이 출구를 찾지 못하고 있는지 들여다봅니다. 과식 뒤에는 채워지지 않은 정서적 허기가, 위험한 행동 뒤에는 무감각해진 감각을 깨우려는 절박함이 있습니다. 자해 뒤에는 표현되지 못한 분노나 슬픔이 있을 수 있습니다. 이 근원적 욕구를 알아차린 후, 그것을 건강한 방향으로 흐르게 할 방법을 찾습니다. 억눌린 분노는 창조적 표현으로, 무감각해진 감각은 몸을 통한 체험으로, 채워지지 않은 허기는 진실한 연결로 전환될 수 있습니다. 파괴적 충동과 창조적 열정은 같은 생명력의 다른 표현입니다. 그 에너지를 어떤 방향으로 흐르게 할지, 우리는 선택할 수 있습니다.

▶ 내면 기능의 양면성: 물듦의 세 가지 원리

　지금까지 살펴본 열 가지 기능은 각각 다른 모습으로 물들지만, 그 뿌리에는 1장에서 살펴본 식신의 관성이 있습니다. 관성이 있기에 조건화가 가능하고, 어린 시절의 상처와 환경은 그 관성이 특정한 방향으로 굳어지는 계기가 됩니

다. 그렇다면 맑은 기능은 어떤 원리로 물든 기능으로 변할
까요?

첫 번째는 '보호'의 원리입니다. 모든 물듦은 본질적으로 자
기보호의 전략입니다. 더 이상 상처받지 않기 위해, 살아남기
위해 무의식적으로 선택한 방어막입니다. 냉담한 방관자의
무관심도, 강박적 통제자의 집착도 모두 더 깊은 상처를 피하
려는 몸부림입니다.

두 번째는 '공명'의 원리입니다. 개인의 상처는 혼자만의 것
이 아닙니다. 그것은 가족의 상처와 공명하고, 세대를 거쳐 집
단의 역사로 이어집니다. '나의 문제'라고 여기는 것의 상당 부
분은 '우리의 역사'가 개인을 통해 발현되는 것입니다. 조부모
세대의 전쟁 트라우마가 부모 세대의 불안이 되고, 그것이 다
시 현재 세대의 강박으로 이어지는 식입니다.

세 번째는 '순환'의 원리입니다. 물든 상태는 일단 시작되면
스스로를 강화하는 순환 구조를 만듭니다. 냉담한 방관자는
관계를 황폐하게 만들고, 그 황폐함이 '이런 관계에 마음 쓸
필요 없다'는 방관을 정당화합니다. 강박적 구원자는 의존적
인 관계를 만들어내고, 그 의존성이 다시 구원자 역할을 강
화합니다. 이 순환이 깊어질수록 빠져나오기는 더욱 어려워
집니다.

이 원리들이 각자의 삶에서 어떻게 작동하는지는 천차만별입니다. 10가지 내면 기능은 이렇게 맑음과 물듦 사이를 오가며, 우리를 육도의 다양한 세계로 이끕니다. 같은 사람이 때로는 지옥도의 분노를, 때로는 천상도의 평화를 경험하는 이유가 여기에 있습니다.

하지만 물듦의 원인을 이해할 때, 자책은 연민으로 변합니다. 모든 물든 패턴이 사실은 생존을 위한 보호 전략이었음을 알게 되는 순간, 치유의 가능성이 열립니다. 이제 자신의 내면 기능이 어떤 상태인지 점검해 보겠습니다.

▶ 자가 진단 체크리스트

지금까지 살펴본 10가지 기능의 상태를 점검해 봅니다. 각 문항을 읽고 지난 한 달간의 경험을 기준으로 해당되는 경우 체크합니다. 체크가 많을수록 해당 기능이 물들어 있어 관심이 필요함을 의미합니다.

● 초월자아 영역

순수 관찰자 vs 냉담한 방관자

- ☐ '어차피 다 똑같다'는 생각이 자주 든다.
- ☐ 타인의 감정이 피곤하고 귀찮게 느껴진다.
- ☐ 감정적인 반응을 유치하다고 여긴다.
- ☐ 타인의 고통을 '그들의 문제'로만 본다.
- ☐ 내가 지금 무엇을 느끼는지 잘 모를 때가 많다.
- ☐ 세상의 아름다움이나 의미를 느끼기 어렵다.

진리 탐구자 vs 독단적 설교자

- ☐ 다른 의견을 들으면 즉시 반박하고 싶은 충동을 느낀다.
- ☐ '내가 알려 준 대로만 하면 된다'는 생각을 자주 한다.
- ☐ 나와 다른 견해를 '무지'로 보곤 한다.
- ☐ 내 믿음이 흔들리면 극도로 불안해진다.
- ☐ 토론보다는 설득하려는 성향이 강하다.
- ☐ 질문받는 것이 불편하게 느껴진다.

통합 치유자 vs 강박적 구원자

- ☐ 다른 사람의 문제를 대신 해결해 주려는 충동을 느낀다.
- ☐ 남을 도운 후 우월감이나 만족감을 느낀다.

□ 도움을 거절당하면 서운함을 느끼거나 관계가 불편해진다.

□ 요청받지 않았는데도 조언이나 해결책을 제시하곤 한다.

□ 내 문제보다 남의 문제에 더 집중하는 편이다.

□ 도움을 주지 못하면 죄책감을 느낀다.

비전 창조자 vs 환상의 건축가

□ 거대한 계획만 세우고 실행은 미루는 편이다.

□ '지금은 준비가 안 됐다'며 시작의 조건을 계속 높인다.

□ 작은 일은 의미 없다고 여기는 편이다.

□ 현실적 제약을 고려하지 않곤 한다.

□ 구체적 단계 없이 결과만 상상할 때가 많다.

□ 한 번 실패하면 계획 전체를 포기한다.

● 일상자아 영역

현실 실행자 vs 강박적 통제자

□ 모든 일정을 세밀하게 계획하고 관리한다.

□ 계획이 틀어지면 극도로 불안해진다.

□ 작은 실수도 큰 문제로 이어질 것 같은 불안을 느낀다.

□ 다른 사람에게 일을 맡기기 어렵다.

□ 완벽하지 않으면 시작조차 하지 않는 편이다.

□ 주변 사람들이 내 방식대로 하지 않으면 불안하거나 답답
하다.

자아 조율자 vs 분열된 연기자

□ 상황마다 완전히 다른 사람이 되는 느낌이 든다.

□ 사람들과 헤어진 후 공허함을 느낀다.

□ 나 자신에게도 낯선 모습을 보일 때가 있다.

□ 진짜 내 모습을 아무도 모른다고 느낀다.

□ 혼자 있으면 내가 누구인지 잘 모르겠다.

□ 타인의 기대에 맞추느라 지치곤 한다.

경계 설정자 vs 갈등 회피자

□ 싫은 일도 거절하지 못한다.

□ 거절할 때 긴 설명을 하게 된다.

□ 불편한 상황에서 자리를 피하거나 화제를 돌리곤 한다.

□ 갈등이 생기면 무조건 양보하곤 한다.

□ 타인의 요구를 거절하면 죄책감을 느낀다.

□ 상대의 부탁을 들어준 후 속으로 불만이 쌓인다.

● 심층자아 영역

내면아이 vs 상처받은 아이

□ 문제가 생기면 '왜 나만'이라는 생각을 자주 한다.

□ 인정받지 못하면 무가치하게 느껴진다.

□ 도움이 필요할 때도 혼자 해결하려 한다.

□ 작은 비판에도 크게 상처받는다.

□ 인정받기 위해 과도하게 노력할 때가 많다.

□ 재미있는 일을 '시간 낭비'로 여긴다.

몸의 목소리 vs 몸의 침묵

□ 피로를 느끼면서도 무시하곤 한다.

□ 몸보다 정신이 더 중요하다고 여긴다.

□ 원인 모를 만성 통증이나 피로를 경험한다.

□ 직관을 비논리적이라고 불신하는 편이다.

□ 몸의 욕구를 나약함으로 여긴다.

□ 몸의 신호보다 머릿속 생각을 따른다.

원초적 생명력 vs 어둠의 중독

□ 극단적 자극에서만 살아 있음을 느낀다.

□ 파괴적 충동을 반복적으로 경험한다.

□ 일상이 무의미하고 공허하게 느껴진다.

□ 즉각적 쾌락 없이는 견디기 힘들다.

□ 자신을 처벌하는 행동을 하곤 한다.

□ 충동적으로 행동한 뒤 후회하는 패턴이 반복된다.

▶ 진단 결과와 통합의 길

0~1개를 체크했다면, '맑은 기능' 상태로 건강하게 작동하고 있습니다. 건강한 기능이 물든 기능을 돌보는 힘이 될 수 있습니다.

만약 2~3개를 체크했다면 '초기 물듦'의 단계입니다. 물듦이 시작되었지만 아직 고착되지 않았습니다. 일상에서 작은 변화를 시도하며 주의 깊게 관찰하면, 패턴이 굳어지기 전에 방향을 바꿀 수 있습니다.

4~5개를 체크했다면 '깊은 물듦'의 상태입니다. 상당히 물들어 있으며, 의식적이고 체계적인 노력이 필요합니다. 오랜 시간 형성된 패턴은 쉽게 바뀌지 않습니다. 혼자 감당하기 어렵다면 전문가의 도움을 받는 것이 회복을 앞당기는 지혜입니다.

　　　　　2부 해부: 무엇이 나의 세계를 만드는가?

마지막으로 6개를 모두 체크했다면 '완전한 물듦'의 상태입니다. 본래 목적을 거의 잃고 생존모드에만 갇혀 있습니다. 깊은 돌봄이 필요합니다. 가장 많이 물든 부분이 가장 큰 상처를 품고 있으며, 동시에 가장 깊은 치유를 요청하고 있습니다.

개별 기능뿐 아니라, 각 영역에서 물듦이 어떻게 분포되어 있는지도 살펴볼 필요가 있습니다. 초월자아에 집중되어 있다면 의미와 연결은 닫혀 있지만 현실 기능은 유지되고 있습니다. 일상은 작동하나 삶에 깊이가 없고, 생존은 가능하나 존재의 의미를 느끼지 못합니다. 기능적이지만 공허한 상태입니다.

일상자아에 집중되어 있다면 현실 운영 능력은 약화되었지만 내면의 깊이는 살아 있습니다. 의미는 느끼나 실행이 어렵고, 통찰은 있으나 구조화하지 못합니다. 비전은 있으나 현실화되지 못합니다.

심층자아에 집중되어 있다면 원초적 생명력과 직관이 억압되어 있습니다. 미래를 계획하지만 활력을 느끼지 못하고, 일상은 이어가지만 몸과 단절되어 있으며, 관계를 맺으나 본능적 신뢰가 없습니다. 머리로만 살고 있습니다. 각 패턴은 무엇을 지키고 무엇을 내주었는지를 보여줍니다. 회복은 잃어버린 온전함으로 돌아가는 과정입니다.

각 기능은 독립적으로 작동하지 않습니다. 물든 기능들이 결합하면 더 극단적인 패턴을 만들어 냅니다. 독단적 설교자와 강박적 통제자가 함께 물들면 모든 것을 자신의 방식대로만 하려는 집착적 통제가 나타납니다. 냉담한 방관자와 갈등 회피자가 결합하면 완전한 고립으로 이어집니다. 강박적 구원자와 환상의 건축가가 만나면 실현 불가능한 구원 프로젝트에 매달리게 됩니다. 반대로 맑은 기능들은 서로를 강화합니다. 순수 관찰자와 현실 실행자가 함께 작동하면 명확한 인식과 효과적 실행이 가능해지고, 진리 탐구자와 자아 조율자가 조화를 이루면 열린 탐구와 일관된 정체성이 공존합니다.

적게 체크된 기능들은 현재의 자원이고, 많이 체크된 기능들은 미래의 가능성입니다. 강박적 구원자도 한때는 순수한 도움이었고, 냉담한 방관자도 한때는 필요한 거리두기였습니다. 이들이 극단으로 굳어진 것은 그만큼 견뎌 낸 것이 많았다는 증거입니다. 가장 물든 부분을 돌보는 것은 가장 오래된 상처를 치유하는 과정입니다.

진정한 변화는 기능들이 협력할 때 일어납니다. 초월자아의 통찰이 심층자아의 상처를 이해하고, 심층자아의 생명력이 일상자아의 경직성을 풀어 주며, 일상자아의 안정성이 초월자아의 이상을 현실로 구현합니다.

▶ 다음 여정으로

지금까지 10가지 기능의 맑음과 물듦을 이해했습니다. 같은 기능이 어떤 때는 지혜로, 어떤 때는 강박으로 드러납니다. 그렇다면 무엇이 이 전환을 일으키는 걸까요?

우리는 때로 최선을 알면서도 최악을 선택합니다. 평화를 원하면서도 갈등을 만들고, 사랑하고 싶으면서도 상처를 주며, 자유를 갈망하면서도 패턴에 갇힙니다. 이 역설의 중심에는 의식의 운영 모드가 있습니다.

다음 장에서는 생존모드와 통합모드라는 두 가지 근본적인 작동 방식을 탐구할 것입니다. 알아차림이 어떻게 이 모드를 전환시키고, 한 사람의 세계를 근본적으로 바꾸는지 살펴보겠습니다.

모드
: 생존에서 통합으로의 전환

같은 사람이 어떤 날은 따뜻하고 어떤 날은 냉담합니다. 같은 상황에서 어떤 때는 유연하게 대응하고 어떤 때는 경직되게 반응합니다. 이것은 성격의 문제가 아닙니다. 의식이 어떤 모드로 작동하고 있느냐의 문제입니다.

앞 장에서 10가지 기능이 맑음과 물듦 사이를 오간다는 것을 보았습니다. 순수 관찰자가 때로는 지혜롭게, 때로는 냉담하게 작동하고, 현실 실행자가 때로는 유연하게, 때로는 강박적으로 움직였습니다. 이 전환의 열쇠를 쥐고 있는 것, 그것은 바로 '알아차림'입니다.

알아차림은 단순한 관찰 도구가 아닙니다. 그것은 우리 의

     2부 해부: 무엇이 나의 세계를 만드는가?

식 전체의 운영 모드를 결정합니다. 알아차림의 유무에 따라 같은 의식이 생존모드 또는 통합모드로 작동합니다. 이 두 모드의 차이를 이해하는 것이 진정한 변화의 시작입니다.

알아차림은 세 가지 방식으로 우리 경험을 변화시킵니다. 먼저, 반응 사이에 공간을 만듭니다. 알아차림 없이는 자극과 반응이 하나로 이어집니다. 비난을 들으면 곧바로 방어가 일어나고, 위협을 느끼면 즉시 긴장합니다. 그러나 알아차림이 있을 때는 자극과 반응 사이에 아주 작은 틈이 생깁니다. 그 짧은 순간, 우리는 선택할 수 있습니다.

또한 동일시에서 벗어나게 합니다. 평소 우리는 경험과 하나가 됩니다. 실패하면 '나는 실패자'가 되어버리고, 화가 날 때는 분노 자체가 됩니다. 반면에 알아차림이 일어나면 '속상함이 올라오고 있구나.', '분노가 일어나고 있구나.'라고 알게 됩니다. 경험과 나 사이에 거리가 생기면서, 감정에 휩쓸리지 않고도 그것을 충분히 느낄 수 있게 됩니다.

마지막으로, 주의가 유연해집니다. 알아차림이 없을 때 우리 주의는 한곳에 고정됩니다. 상대의 거친 말만 들리고, 내 상처만 느껴지며, 지금의 고통만 보입니다. 알아차림이 일어나면 주의가 확장됩니다. 상대의 표정이 보이고, 몸 전체의 감각이 느껴지며, 상황의 맥락이 느껴집니다. 좁았던 시야가 자연스럽게 넓어집니다.

이러한 알아차림은 인식에서 관찰로, 관찰에서 현존으로 깊어집니다. 그리고 이 알아차림의 유무에 따라 의식의 운영 모드가 달라집니다. 생존모드는 알아차림이 부재할 때의 자동 방어 체계이고, 통합모드는 알아차림과 함께 드러나는 본래의 맑은 작동 방식입니다.

이제 각 모드가 어떻게 형성되고 작동하는지 살펴보겠습니다.

▶ 생존모드의 형성

생존모드는 알아차림이 부재한 상태에서 작동하는 자동 반응 시스템입니다. 우리가 환경에 적응하며 형성된 방어 체계이며, 특히 어린 시절 가장 취약했던 시기에 만들어집니다. 실제 위험 상황에서 이 즉각적 반응은 여전히 유효합니다. 상대의 표정에서 적대감을 빠르게 읽어내는 것, 불안정한 관계에서 한 발 물러서는 것. 이런 기능들은 우리를 보호합니다.

문제는 이 방어 프로그램이 실제 위험이 사라진 후에도 계속 작동한다는 점입니다. 30년 전의 상처가 오늘의 관계를 지배하고, 어린 시절의 두려움이 성인이 된 지금도 선택을 제한합니다. 다음은 한 마케팅 디렉터의 경험입니다.

> 회의 중에 팀장이 제 기획안에 대해 '좀 더 생각해 보자'고 했습니다. 순간 얼굴이 화끈거리고 가슴이 조여 왔습니다. 익숙한 수치심이 올라왔습니다. '역시 나는 부족하다'는 늘 같은 목소리가 들려왔습니다. 30년 된 낡은 테이프가 계속 돌아가는 듯했습니다.

생존모드는 몇 가지 깊은 믿음을 토대로 작동합니다. 이 믿음들은 단순한 생각이 아니라, 우리가 세상을 만나며 형성한 생존 전략입니다. 어린 시절 가장 취약했을 때, 살아남기 위해 만들어진 이 전략들이 이제는 오히려 우리를 제한하는 감옥이 되었습니다.

가장 먼저 뿌리내리는 것은 '결핍'의 믿음입니다. '나는 부족하다.' 이것은 단순한 자기 비하가 아닙니다. 존재 자체에 대한 근원적 의심입니다. 어린 시절, 우리는 조건부 사랑 속에서 자랐습니다. '이렇게 하면 사랑받고, 저렇게 하면 사랑받지 못한다'는 무언의 계약. 끊임없는 비교와 평가 속에서 우리는 있는 그대로의 자신이 충분하지 않다는 것을 학습했습니다.

결핍은 '경계'를 부릅니다. '세상은 위험하다.' 이것은 세상에 대한 근본적 불신입니다. 예측할 수 없었던 양육자의 감정, 갑작스럽게 바뀌는 규칙들, 안전하다고 믿었던 것들의 배신. 이런 경험들이 쌓여 세상 자체가 신뢰할 수 없는 곳이 되었습니다.

경계는 '단절'로 이어집니다. '나는 혼자다.' 이것은 누구와도 진정으로 만날 수 없다는 깊은 체념입니다. 감정을 나눠도 응답받지 못했던 순간들, 마음을 열어도 이해받지 못했던 경험들, 있는 그대로 받아들여지지 못했던 시간들. 이 모든 것이 쌓여 '진정한 만남은 불가능하다'는 믿음이 굳어집니다.

그리고 단절은 '고착' 으로 굳어집니다. '과거가 미래를 결정한다.' 이것은 변화 불가능성에 대한 숙명론입니다. 반복되는 실패의 패턴, 되풀이되는 관계의 상처, 바뀌지 않는 삶의 구조. '어차피 또 그럴 것'이라는 예언이 스스로 실현됩니다.

이 네 가지 믿음은 서로를 강화하며 하나의 세계를 만듭니다. 결핍은 경계를 낳고, 경계는 단절을 만들며, 단절은 고착으로 굳어집니다.

그리고 이 모든 것 아래에는 더 깊은 단절이 있습니다. 타인과의 단절이 아닌, 자기 존재 자체와의 단절입니다. 문명화 과정에서 우리는 몸의 지혜를 불신하고, 본능을 억압하며, 야생성을 길들이도록 훈련받았습니다. 머리는 몸보다 우월하고, 이성은 감정보다 신뢰할 만하며, 통제는 자발성보다 안전하다고 배웠습니다. 이러한 존재적 분리는 네 가지 믿음보다 더 근원적인 상실입니다. 우리는 대지와의 연결을 잃었고, 생명의 리듬에서 멀어졌으며, 존재의 깊이와 멀어졌습니다.

그러나 이 모든 믿음과 단절은 영원한 것이 아닙니다. 그것들은 특정한 시공간에서 형성된 조건적 패턴일 뿐입니다. 알아차림의 빛을 비추는 순간, 이 견고해 보이던 구조에 균열이 생기기 시작합니다.

▶ 통합모드의 회복

통합모드는 알아차림과 함께 자연스럽게 드러나는 우리의 본래 운영 방식입니다. 이것은 새로 만들어 내야 하는 무언가가 아닙니다. 구름이 걷히면 하늘이 드러나듯, 의식이 맑아지면 본래의 지혜가 작동하기 시작합니다. 다음은 한 간호사의 이야기입니다.

환자가 약 복용 시간을 세 번째 놓쳤습니다. 짜증이 올라왔습니다. 그런데 이번에는 짜증이 일어나는 것을 보고 있었습니다. '아, 지금 짜증이 나고 있구나.' 감정은 여전했지만 그것과 저 사이에 간격이 생겼습니다. 질문이 떠올랐습니다. '왜 이렇게 짜증이 날까?' 느껴 보니 제가 지쳐 있었습니다. 깊게 숨을 쉬고 몸의 긴장을 풀었습니다. 잠시 휴식을 취하자 환자가 다르게 느껴졌습니다. 더 이상 약을 놓치는 '문제 환자'가 아니라, 도움이 필요한 한 사람으로 보였습니다. 그들은 함께 알람을 설정하고 체크리스트를 만들었습니다.

이것이 통합모드입니다. 감정을 부정하지도 동일시하지도 않습니다. 감정을 있는 그대로 바라봅니다. 감정은 여전히 일어나지만 그것에 휩쓸리지 않습니다. 자동 반응과 의식적 선택 사이의 간격, 거기서 자유가 있습니다.

알아차림의 빛 속에서 생존모드의 믿음들은 변용됩니다. 결핍의 믿음이 '온전함의 자각'이 됩니다. '나는 부족하다'는 믿음이 '부족함도 충분함도 본래 하나다.'라는 통찰로 깊어집니다. 이것은 자신을 긍정적으로 포장하는 것이 아닙니다. 부족과 충분이라는 분별 이전의 자리를 보는 것입니다.

꽃봉오리가 아직 피지 않았어도 그 자체로 이미 온전한 꽃봉오리인 것처럼, 우리는 과정 중에 있으면서도 매 순간 온전합니다.

온전함의 자각은 '신뢰의 자각'으로 이어집니다. '세상은 위험하다'는 믿음이 '삶 그대로를 신뢰한다'는 깊은 앎으로 전환됩니다. 이것은 세상이 안전하다는 순진한 믿음이 아닙니다. 어떤 파도가 와도 그것과 함께 춤출 수 있는 내면의 유연성을 신뢰하는 것입니다.

분별력은 여전히 작동하지만, 그 방식이 달라집니다. 위험을 알아차리되 두려움에 갇히지 않고, 분별하되 경직되지 않습니다.

신뢰가 깊어지면 '연결의 자각'이 꽃핍니다. '나는 혼자다.'라는 믿음이 '혼자도 함께도 온전하다'는 깊은 앎으로 전환됩니다. 고독과 연결이 대립하지 않음을 알게 됩니다. 깊은 고독 속에서 우리는 모든 것과 연결되어 있음을 발견하고, 진정한 만남 속에서 우리는 각자의 고유함을 확인합니다.

나무가 뿌리로는 대지와 연결되면서도 가지로는 하늘을 향해 홀로 뻗어 가듯, 우리는 연결되어 있으면서도 자유롭습니다. 연결 속에서 '현존의 자각'이 펼쳐집니다. '과거가 미래를 결정한다'는 믿음이 '매 순간은 본래 새롭다'는 깊은 앎으로 전환됩니다. 과거는 더 이상 감옥이 아니라 지혜의 보고가 되고, 미래는 더 이상 과거의 반복이 아니라 무한한 가능성의 장이 됩니다.

과거의 기억과 패턴의 흔적은 여전히 남아 있습니다. 그러나 같은 강을 흐르는 물이 매 순간 다르듯 우리는 연속성 속에서도 매 순간 새롭게 태어납니다.

그리고 가장 깊은 회복이 일어납니다. '존재 자체와의 재연결'입니다. 알아차림이 일어나면서 우리는 다시 몸의 언어를 듣습니다. 억압되었던 생명력이 건강한 형태로 흐르기 시작합니다. 본능적 지혜가 의식적 앎과 만나 새로운 통합을 이룹니다.

우리는 다시 대지의 리듬을 느끼고, 계절과 함께 흐르며, 모든 생명과의 깊은 연대를 체험합니다. 이것은 퇴행이 아니라 진화입니다. 원시로 돌아가는 것이 아니라, 원초적 지혜를 현대적 의식으로 통합하는 것입니다.

통합모드는 생존모드를 포함하고 초월합니다. 실제 위험에서는 생존 본능의 지혜를 활용하되, 그것에 지배당하지 않습니다. 방어가 필요할 때는 의식적으로 경계를 세우고, 휴식이 필요할 때는 충분히 쉽니다. 빛과 그림자, 힘과 부드러움, 고독과 연결, 그 모든 것을 포용하는 전체성이야말로 진정한 통

   ○   2부 해부: 무엇이 나의 세계를 만드는가?

합입니다.

▶ 차원의 전환과 통합된 의식

알아차림은 단순히 더 잘 관찰하는 것이 아닙니다. 그것은 의식의 차원 자체를 전환시킵니다. 생존모드에서 우리는 이분법적 사고에 갇혀 있습니다. 위험과 안전, 성공과 실패, 사랑과 미움의 이분법적인 구도 안에서 싸우거나 도망가거나, 집착하거나 회피할 뿐입니다.

알아차림이 일어나면 이 차원이 전환됩니다. 처음에는 상황을 한발 물러서서 바라보는 관찰자적 시각이 생기고, 자동 반응의 레일에서 벗어나 다양한 선택지가 보이기 시작합니다. 나아가 과거의 패턴과 현재의 선택, 미래의 가능성을 동시에 봅니다. 시간마저 초월하는 통합적 인식이 일어나는 것입니다.

극심한 갈등 상황에서도 '이것 또한 하나의 과정'임을 알아차리는 순간, 전혀 다른 차원의 응답이 가능해집니다. 상처가 아닌 성장의 기회로, 대립이 아닌 상호 이해의 가능성으로 전환됩니다. 같은 상황이지만 그것을 바라보는 의식의 차원이 달라지면, 완전히 다른 현실이 펼쳐집니다. 이것이 의식이 만드는 혁명입니다. 문제를 해결하는 것이 아니라 문제를 바라보는 차원을 바꾸는 것입니다.

사실 생존모드와 통합모드는 본질적으로 하나입니다. 같은 의식이 알아차림의 유무에 따라 다르게 작동할 뿐입니다. 그래서 둘 사이의 전환은 매 순간 가능합니다. 지금 이 글을 읽으며 일어나는 반응을 관찰해 보세요. 그 관찰 자체가 이미 생존모드에서 통합모드로의 전환입니다.

생존모드에서는 1부에서 본 지옥도와 아귀도, 축생도, 아수라도를 경험합니다. 통합모드에서는 인간도와 천상도를 살아갑니다. 이 모드들은 추상적 개념이 아닙니다. 삶에서 구체적인 패턴으로 드러납니다. 생존모드는 여섯 가지 고착된 자아 패턴을 만들어 내고, 이 패턴들이 반복되는 드라마를 연출합니다.

2부에서 우리는 의식의 구조, 자아의 기능, 삶을 움직이는 두 모드를 살펴보았습니다. 3부에서는 이것들이 개인 안에서, 관계 속에서, 삶 전체에서 어떻게 펼쳐지는지 만나게 됩니다. 이제 현장으로 나갑니다.

해부―알아차림은 어떻게 세계를 바꾸는가?

2부 '해부'는 내면세계의 작동 원리를 들여다보는 과정입니다. '알아차림'이라는 스위치가 어떻게 우리의 의식, 자아, 그리고 삶의 운영 방식을 근본적으로 바꾸는지를 보여 줍니다.

▶ 2부 구조 개요

장	주제	핵심 개념
1장	의식	3층위 의식 구조 / 원신과 식신
2장	자아와 기능	10가지 자아 기능의 맑음과 물듦
3장	모드	생존모드 vs 통합모드

▶ 의식, 모든 경험이 펼쳐지는 무대

의식은 우리의 모든 경험(감각, 감정, 생각)이 일어나고 사라지는 광활한 공간으로, 세 가지 층위로 작동합니다. 알아차림의 깊이와 맑음을 키워 감에 따라 이 세 층위를 경험할 수 있습니다.

층위	설명
초월 의식	무한한 개방성과 순수한 명료함, 영감과 통찰이 열리고 직관적 앎이 흐르는 공간
일상 의식	현실 적응의 중심지, 초월의 영감과 심층의 충동 사이에서 균형을 잡는 공간
심층 의식	원초적 생명력과 창조 에너지의 근원, 자동적 생명 유지와 본능적 충동이 함께하는 공간

▶ 원신과 식신, 바탕과 작용

우리 안에는 타고난 원신(元神)이 있고, 살아가며 형성되는 식신(識神)이 있습니다. 식신은 삶에 필요한 기능이지만, 원신이 중심을 잡아야 의식이 맑게 유지됩니다. 이 균형이 무너질 때 의식은 흐려지고, 회복될 때 다시 맑아집니다.

구분	원신	식신
성격	고요하고 맑은 본래의 밝음	분별하고 반응하는 형성된 마음
역할	의식의 근원	삶에 필요한 기능
균형/불균형	중심을 잡음 / 가려짐	제 역할 / 동일시
결과	맑음, 자유로운 응답	물듦, 자동 반응

▶ 자아와 기능: 무대 위에서 연기하는 배우

자아는 의식 안에서 경험들을 엮어 '나'라는 이야기를 만듭니다. 층위에 따라 초월자아, 일상자아, 심층자아로 나타나며, 10가지 기능을 통해 작동합니다. 이 기능들은 알아차림에 따라 맑음과 물듦, 두 상태를 오갑니다.

맑음과 물듦: 두 가지 작동 상태

상태	알아차림	설명
맑음	ON	내면의 기능이 바르고 건강하게 작동함
물듦	OFF	과거의 상처와 두려움에 반응하여 본래 기능이 왜곡되어 작동함

10가지 자아 기능

층위	맑음	물듦
초월 자아	순수 관찰자: 어떤 것도 밀어내거나 붙잡지 않고 있는 그대로 바라봄	냉담한 방관자: 상처받지 않으려 감정을 차단하고 삶으로부터 스스로를 격리함
	진리 탐구자: 자신이 모른다는 것을 알며 진리를 향해 열린 채 나아감	독단적 설교자: 틀렸다는 것을 인정할 수 없어 자신의 신념을 절대화하고 다른 목소리를 배척함
	통합 치유자: 자신 안의 어둠을 외면하지 않고 껴안으며 온전함으로 나아감	강박적 구원자: 자신의 상처는 외면한 채 타인을 구원하는 것으로 존재 가치를 증명하려 함
	비전 창조자: 미래를 그리되 지금 여기서 할 수 있는 것을 실천함	환상의 건축가: 완벽한 미래만 꿈꾸며 불완전한 지금과 만나는 것을 회피함
일상 자아	현실 실행자: 목표를 향하되 현실을 받아들이며 유연하게 길을 열어 감	강박적 통제자: 불확실함을 견디지 못해 모든 것을 완벽하게 통제하려 함
	자아 조율자: 다양한 역할을 오가면서도 온전한 자기로 존재함	분열된 연기자: 진짜 자신을 외면한 채 상황마다 요구받는 모습으로만 존재함
	경계 설정자: 자기 공간을 지키면서도 타인과의 연결을 잃지 않는 경계를 유지함	갈등 회피자: 관계가 깨질까 두려워 경계를 세우지 못하고 끊임없이 자신을 희생함

심층 자아	내면아이: 순수한 호기심과 경이로 세상을 탐험하며 매 순간을 놀이로 살아감	상처받은 아이: 사랑받기 위해 자신을 지워 온 아이가 끊임없이 인정을 갈구함
	몸의 목소리: 몸의 감각과 직관을 신뢰하며 생명의 지혜와 연결됨	몸의 침묵: 몸의 신호를 무시하고 생각만으로 모든 것을 해결하려 함
	원초적 생명력: 존재의 근원에서 흐르는 생명력을 느끼며 삶을 창조함	어둠의 중독: 억눌린 생명력이 왜곡된 형태로 폭발하며 파괴와 극단적 자극을 추구함

물듦은 알아차림 없이 살아온 삶의 결과이며, '생존모드'의 뿌리가 됩니다.

▶ 모드: 생존에서 통합으로, 삶을 결정하는 두 가지 운영 시스템

우리의 삶에는 두 가지 핵심 작동 방식(모드)이 있습니다. 어떤 모드가 켜져 있느냐에 따라, 같은 사람이라도 완전히 다른 세계를 경험합니다. 이 두 모드를 전환하는 스위치가 바로 '알아차림'입니다.

구분	생존모드	통합모드
알아차림	알아차림 OFF	알아차림 ON
상태	자동적으로 작동하는 방어 시스템	의식적으로 선택하는 창조 시스템
핵심 특징	4가지 핵심 믿음에 갇힌 위협 인식과 경직된 반응 패턴 **핵심 믿음** • 나는 부족하다 • 세상은 위험하다 • 나는 혼자다 • 과거는 바꿀 수 없다	자극과 반응 사이에 공간이 열리며 감정을 관찰하고 지혜롭게 선택함 **깨어난 앎** • 부족함도 충분함도 본래 하나다 • 삶 그대로를 신뢰한다 • 혼자도 함께도 온전하다 • 매 순간은 본래 새롭다
결과	반응의 삶	창조의 삶

알아차림의 깊이와 맑음에 따라 '나'는 매 순간 새롭게 변화합니다. '나'는 고정된 실체가 아니라 끊임없이 펼쳐지는 과정입니다.

   2부 해부: 무엇이 나의 세계를 만드는가?

현상:

내 삶의 드라마는 어떻게 만들어지는가?

1장

개인의 드라마
: 여섯 가지 자아 패턴

우리는 왜 늘 비슷한 상황에 놓이고, 비슷한 선택을 하고, 비슷한 결과를 맞이할까요? 그 답은 우리 안에서 반복되는 드라마에 있습니다.

▶ 주연 자아와 조연 자아

2부에서 우리는 의식의 세 층위와 각 층위에서 활동하는 자아를 살펴보았습니다. 그런데 각 층위 안에서도 하나의 자아만 있는 것이 아닙니다. 초월자아 안에도, 일상자아 안에도, 심층자아 안에도 평소 주로 활성화되는 자아와 특정 상황에서만 나타나는 자아가 있습니다.

우리 삶은 하나의 드라마와 같습니다. 이 무대 위에는 처음부터 끝까지 자리를 지키는 주인공이 있고, 특정 장면에서만 등장하는 조연도 있습니다. 주연 자아는 평소 가장 많이 동일시하는, 하루 중 가장 많은 시간을 점유하는 자아입니다. 조연 자아는 특정 인물이나 상황이 방아쇠를 당길 때만 활성화되는 자아입니다.

우리 안에는 수많은 경험의 씨앗이 잠들어 있습니다. 어린 시절 형성된 반응 패턴, 특정 관계에서 학습한 생존 전략, 상처받은 기억들. 이 씨앗들은 평소에는 잠자고 있다가, 비슷한 조건을 만나면 깨어납니다. 상사의 날카로운 시선이 아버지의 눈빛과 닮았을 때, 연인의 침묵이 어린 시절의 방치와 겹쳐질 때, 그 오래된 씨앗이 싹을 틔우며 조연 자아가 무대 위로 올라옵니다.

동료 앞에서는 아수라도의 경쟁적 자아가, 부모 앞에서는 지옥도의 분노하는 자아가, 연인 곁에서는 인간도의 성찰하는 자아가 나타납니다. 이것은 분열이 아니라 자연스러운 다층성입니다.

▶ 반복되는 드라마의 대본

드라마가 반복되는 이유는, 배역은 달라도 대본이 같기 때문입니다. 이 대본이 바로 자아 패턴입니다. 모든 패턴의 가장 깊은 곳에는 네 가지 핵심 믿음이 자리 잡고 있습니다. ‘나는 부족하다.’, ‘세상은 위험하다.’, ‘나는 혼자다.’, ‘과거가 미래를 결정한다.’

지금부터 살펴볼 여섯 가지 자아 패턴은, 이 믿음들이 2부에서 살펴본 내면 기능의 ‘물듦’을 통해 무대 위에서 어떤 드라마로 펼쳐지는지를 보여 줍니다. 이 중 하나가 당신의 주연 패턴이고, 다른 패턴들 또한 특정 상황에서 조연으로 등장할 수 있습니다. 이 드라마를 알아차리는 것이 대본을 바꾸는 첫걸음입니다. 당신의 무대에서 주연을 맡고 있는 자아는 누구인가요? 그리고 어떤 장면에서 어떤 조연들이 등장하나요?

▶ 통제형 패턴

통제형 패턴은 일상의식의 '현실 실행자' 기능이 모든 것을 예측하고 관리해야만 안심하는 '강박적 통제자'로 물들 때 나타납니다. 이 패턴의 중심에는 '세상은 위험하다'는 깊은 믿음이 자리하고 있습니다. 그들은 예측과 통제가 안전을 지키는 유일한 방법이라 여깁니다.

이것은 예측 불가능한 환경에서 자란 아이들이 발달시킨 전략입니다. 알코올 중독 부모의 변덕스러운 감정, 폭력적인 가정의 긴장감 속에서 아이는 작은 신호라도 놓치지 않으려 촉각을 곤두세웠습니다. 그 시절, 통제는 생존을 의미했습니다. 다음은 한 프로젝트 매니저의 이야기입니다.

저는 팀원들의 모든 업무를 세세하게 관리합니다. 매일 보고를 받고, 작은 결정도 제 승인을 거치도록 해요. 회의에서는 모든 의견을 제 방향으로 이끌고, 반대 의견이 나오면 즉시 차단합니다. "내가 하는 게 낫겠어.", "왜 내 말대로 안 하는 거야?"라는 말이 습관처럼 나옵니다. 집에서도 마찬가지예요. 주말 계획부터 저녁 식사 메뉴까지 미리 정해 두고, 예상치 못한 변경 사항이 생기면 극도로 예민하게 반응하게 됩니다.

통제형 패턴의 숨은 이득은 일시적인 안전감입니다. 모든 것이 예측 가능하고 자신의 통제하에 있다고 느낄 때, 내면의 불안이 잠시 가라앉습니다. 또한 유능하고 책임감 있는 사람으로 인정받으며, 리더십을 발휘할 기회를 얻습니다.

하지만 그 대가는 큽니다. 관계가 경직되고 사람들이 거리를 둡니다. 창의성과 자발성이 억압되며, 작은 변화에도 과도하게 스트레스를 받습니다. 무엇보다 통제할 수 없는 상황에서 극심한 불안과 무력감에 시달립니다. 통제할수록 오히려 더 불안해집니다.

당신의 몸은 이미 알고 있을지 모릅니다. 지금 이 순간, 턱과 어깨에 힘이 들어가 있나요? 모든 변수를 예측하려는 머릿속 계산기가 쉬지 않고 돌아가나요? 타인에게 일을 맡기면 가슴이 답답해지고, 계획이 변경되면 호흡이 얕아지나요?

이 긴장의 한가운데서, 잠시 멈춰 자신에게 물어보세요. '내가 통제를 놓으면, 정말 무너질까?' 이 질문 앞에서 떠오르는 두려움이 바로 통제형 패턴의 뿌리입니다.

▶ 의존형 패턴

　의존형 패턴은 심층의식의 '내면아이'가 '상처받은 아이'로 머물고, 초월의식의 '비전 창조자'가 '환상의 건축가'로 물들었을 때 나타납니다. 자신의 힘을 믿지 못하는 무력감과 꿈을 현실로 만들 실행력이 부재한 상태가 결합된 것입니다. 이 패턴은 '나는 부족하다.'와 '나는 혼자다.'라는 두 가지 믿음이 결합되어 만들어집니다. 두 믿음 중 '나는 부족하다'가 중심축이 되어 타인 의존으로 이어지는 것이 의존형의 핵심입니다.

　이 패턴은 과보호와 방치라는 양극단의 환경에서 형성됩니다. 모든 것을 대신 해 주는 부모 밑에서 자란 아이는 자신의 능력을 시험할 기회조차 얻지 못합니다. 반대로 너무 일찍 혼자 남겨진 아이는 압도적인 무력감 속에서 '나는 할 수 없다'가 깊이 각인됩니다. 두 경우 모두 '혼자서는 아무것도 할 수 없다'는 결론에 도달하게 됩니다. 다음은 한 대학원생 연구원의 사례입니다.

　저는 지도교수님께 모든 결정을 의존했어요. 연구 주제 선정부터 논문 한 문장까지 확인을 받아야 마음이 놓였습니다. "이거 해도 될까요?", "교수님 생각은 어떠신

가요?”라는 질문을 끊임없이 했어요. 졸업하고 취업한 뒤에도 마찬가지였습니다. 상사의 지시 없이는 움직이지 못했고, 창의적인 제안보다는 명확한 지침을 원했어요. 책임질 일은 되도록 피했고, 실패가 두려워 새로운 시도 조차 하지 않았습니다.

의존형 패턴의 숨은 이득은 명확합니다. 책임을 회피할 수 있습니다. 실패해도 '지시를 따랐을 뿐'이라고 변명할 수 있고, 어려운 결정의 부담에서 자유롭습니다. 또한 타인의 돌봄과 관심을 받으며, 보호받는다는 안전감을 느낍니다.

그러나 의존할수록 실제로는 더 무능해지는 악순환에 빠집니다. 사용하지 않는 근육이 위축되듯, 스스로 결정하고 실행하는 능력이 퇴화합니다. 자존감이 바닥을 치고, 작은 실패도 자신은 아무것도 할 수 없다는 증거로 받아들입니다. 진정한 친밀감 대신 일방적 의존 관계만 형성되며, 내면 깊은 곳에는 자신에 대한 실망과 분노가 쌓입니다.

이 패턴이 낯설지 않다면, 잠시 멈춰 스스로를 살펴보세요. 작은 결정 앞에서도 한참을 망설이고 있나요? 혼자 있으면 막막함과 무력감이 밀려오나요? 가슴이 텅 빈 것처럼 공허하고, 어린아이처럼 작아지는 느낌이 드나요?

　　　　　3부 현상: 내 삶의 드라마는 어떻게 만들어지는가?

이런 감각들이 익숙하다면, 한 가지 질문을 품어 볼 때입니다. '내가 직접하면 망치고, 결국 모두를 실망시킬까?' 이 질문이 불러일으키는 두려움 속에 의존형 패턴의 핵심이 있습니다.

▶ 회피형 패턴

회피형 패턴의 뿌리에는 물든 기능들이 자리하고 있습니다. 일상의식의 '경계 설정자'가 '갈등 회피자'로, 심층의식의 '몸의 목소리'가 감정을 차단하는 '몸의 침묵'으로, '원초적 생명력'이 공허를 잊기 위한 '어둠의 중독'으로 물들어 있습니다. 이는 '세상은 위험하다.'와 '과거가 미래를 결정한다.'라는 두 믿음이 만나 존재 자체를 최소화하는 전략으로 나타납니다.

이 패턴은 갈등이 폭력으로 번지거나 실패가 가혹한 처벌로 이어졌던 환경에서 형성됩니다. 부모의 싸움이 폭력으로 번지는 것을 목격한 아이는 갈등 자체를 재앙으로 학습합니다. 실수할 때마다 극심한 비난과 수치심을 경험한 아이는 시도 자체를 포기하는 것이 더 안전하다고 결론 내리게 됩니다. 또한 감정을 표현해도 무시당하거나 처벌받았던 경험은 감정

자체를 차단하게 만듭니다. 다음은 한 그래픽 디자이너의 이야기입니다.

회피형 패턴은 일시적 평온을 약속합니다. 갈등을 피하면 당장의 스트레스는 사라집니다. 시도하지 않으면 실패할 일도 없습니다. 중립을 지키면 비난도 책임도 없습니다. 그렇게 조금씩 삶의 중심에서 멀어집니다.

하지만 피하려 했던 문제는 더 커져서 돌아옵니다. 작은 갈등이 큰 파국이 되고, 미룬 결정이 더 큰 위기를 만듭니다. 삶의 반경이 점점 좁아지고, 감정이 무뎌지며, 진정한 연결과 성장의 기회를 놓칩니다. 존재감이 희미해지고, 살아 있지만 살아 있지 않은 것 같은 공허함이 차오릅니다.

혹시 당신도 이런 순간들을 경험하고 있나요? 중요한 대화나 결정을 앞두고 갑자기 피곤함이 몰려오나요? 몸이 무겁게 가라앉고 머리가 안개 속처럼 흐려지나요? '별로 중요하지 않아.', '굳이 지금이 아니어도 돼.'라는 합리화가 자동으로 시작되나요?

이 익숙한 도피의 순간에, 조용히 자신에게 물어보세요. '이 회피가, 나를 무엇으로부터 지켜 주고 있을까?' 이 질문을 피하고 싶다면, 바로 거기에 회피형 패턴의 핵심이 있습니다.

▶ 희생자형 패턴

희생자형 패턴은 심층의식의 '내면아이'가 반복된 좌절로 인해 '상처받은 아이'의 무력감에 고착되고, 초월의식의 '순수 관찰자'가 모든 것을 체념하는 '냉담한 방관자'로 물든 결과입니다. 이는 '과거가 미래를 결정한다'는 믿음이 극단적으로 발현되어, '나는 부족하다'는 믿음과 결합해 무력함을 정체성으로 고착시킨 형태입니다.

이 패턴은 반복적인 좌절과 실제 피해 경험이 '학습된 무력감'으로 굳어진 결과입니다. 자신의 노력과 무관하게 나쁜 일이 계속 일어났던 경험, 부당한 대우를 받았지만 저항할 수 없었던 상황들은 '나는 언제나 피해자'라는 정체성을 각인시킵니다. 가족 내에서 늘 비난받는 위치에 있었거나, 학대나 무시를 경험한 경우 이 패턴이 더욱 견고해집니다. 다음은 회사원 정 과장의 사례입니다.

> 저는 모든 상황을 저에 대한 공격으로 받아들였어요. 상사가 피드백을 주면 '나를 힘들게 하려는 거야.'라고 생각했고, 점심 메뉴를 정할 때도 제 의견은 늘 무시당한다고 느꼈어요. 승진에서 제외되면 '또 나만 제외된 거야.'라고 확신했습니다. 뭔가 잘못될 때마다 원인을 다른 사람과 상황에서 찾았고, 저는 무력한 피해자일 뿐이라고 믿었어요.

희생자형 패턴에도 쉽게 놓지 못하는 이득이 숨어 있습니다. 결과에 대한 책임을 외부로 돌릴 수 있습니다. 모든 것이 외부 탓이므로 자신은 노력할 필요가 없고, 실패해도 비난받지 않습니다. 또한 동정과 관심을 받으며, 특별한 배려를 요구할 수도 있습니다.

그러나 이 패턴은 자기충족적 예언이 됩니다. 부정적 기대가 부정적 현실을 끌어당기고, 끊임없는 불평에 지친 사람들이 떠나가면 '봐, 결국 다 나를 버리잖아.'라며 신념을 강화합니다. 무력감이 깊어지고, 삶의 주도권을 완전히 상실합니다. 분노와 원망이 내면을 잠식하며, 진정한 치유와 성장의 기회를 스스로 차단합니다.

당신의 내면에도 이런 목소리가 있을지 모릅니다. '왜 나만…'으로 시작하는 생각이 자동으로 떠오르나요? 가슴이 무겁게 가라앉고 어깨가 축 처지나요? 타인의 성공이나 행복을 보면 '나는 왜 저렇게 못 할까.'라는 비교가 시작되나요?

이 무거운 감정의 한가운데서, 조용히 물어보세요. '내 책임을 인정하는 순간, 모든 이해와 동정이 사라지는 건 아닐까?' 이 질문이 불러일으키는 두려움 속에 희생자형 패턴의 핵심이 있습니다. 희생자 역할은 보이지 않는 보호막이었습니다. 그 안에서는 타인의 동정을 받고, 지지를 확보하고, 책임의 무게를 덜 수 있었습니다. 그러나 주도권을 되찾으려면 이 보호막을 내려놓고 내 몫의 책임을 직면해야 합니다.

▶ 순응형 패턴

순응형 패턴은 일상의식의 '자아 조율자'가 가면을 쓰는 '분열된 연기자'로, '경계 설정자'가 '갈등 회피자'로, 그리고 초월의식의 '통합 치유자'가 타인을 구원하며 자신의 가치를 확인받으려는 '강박적 구원자'로 변모하여 나타납니다. 이는 '나는 부족하다.'와 '나는 혼자다.'라는 믿음에서 나옵니다. 두 믿음 중 '나는 혼자다'가 중심축입니다. 있는 그대로의 나로는 받아들여지지 않는다는 공포가 진짜 자신을 숨기게 만듭니다.

이 패턴은 조건부 사랑과 변덕스러운 애착 관계에서 형성됩니다. 부모의 기분에 따라 사랑받거나 거부당한 경험은 '내 존재 자체에 문제가 있다'는 믿음을 심어 줍니다. '착한 아이'일 때만 안전했던 기억, 가족의 평화를 위해 자신의 감정을 삼켜야 했던 경험, 부모의 정서적 돌봄 역할을 맡았던 아이들이 이 패턴을 발달시킵니다. 다음은 행정 직원 최 주임의 이야기입니다.

저는 부당한 업무 요청에도 "네, 알겠습니다."라고 답했어요. 속으로는 화가 치밀어 올랐지만요. 동료가 제 아이디어를 가로채도 "괜찮아요."라고 웃었습니다. 제 의견을 말하면 관계가 깨질 것 같았거든요. 퇴근 후에는 집에 와서 폭식을 했어요. 억눌렀던 감정들이 먹는 것으로 터져 나왔습니다. 제 책상 서랍에는 위장약과 두통약이 가득했고, 몸은 계속 신호를 보냈지만 "괜찮아요."만 반복했어요.

가정에서도 마찬가지입니다. 명절에 친척들이 "결혼은 언제 하니?", "너 살쪘구나."라고 말해도 어색하게 웃을 뿐입니다. 화가 나지만 '어른들이시니까.'라고 합리화합니다. 친구들이 만나자고 할 때도 정작 자신이 원하는 장소나 시간을 말하지 못합니다. "다들 편한 대로.", "나는 아무 때나 괜찮아."라는 말이 습관처럼 나옵니다. 자신의 진짜 목소리는 점점 작아지고, 남들의 기대에 맞추는 데만 익숙해져 갑니다.

순응형 패턴의 숨은 이득은 표면적 안정입니다. 갈등을 피하면 관계가 평화로워 보이고, 타인을 도우면 필요한 존재가 됩니다. 착한 사람, 믿을 만한 사람으로 인정받으며, 소속감을 유지할 수 있습니다.

그러나 이러한 표면적 안정의 대가는 바로 진짜 자신을 잃는 것입니다. 억압된 감정이 우울이나 신체 증상으로 나타나고, 분노가 쌓여 언젠가 폭발합니다. 일방적인 관계에 지치지만 바꿀 수 없고, 자신이 진정으로 원하는 것이 무엇인지조차 모르게 됩니다. 가면 뒤의 공허함이 깊어지며, 진정한 친밀감을 경험할 수 없습니다.

이 가면이 이미 당신의 얼굴이 되어 버렸나요? "아니오."라고 말해야 할 때 목이 조여 오고 가슴이 답답해지나요? 자동으로 "괜찮아요.", "제가 할게요."라는 말이 튀어나오나요? 상대의 표정을 살피느라 긴장하고, 속마음과 겉 표현 사이의 괴리로 내면이 분열되는 느낌이 드나요?

이 순간, 억눌린 마음 깊은 곳에서 진짜 당신이 묻고 있습니다. '진짜 나를 보인다면, 정말로 사랑받지 못할까?' 이 질문이 불러일으키는 두려움과 슬픔 속에 순응형 패턴의 뿌리가 있습니다.

▶ 완벽형 패턴

완벽형 패턴의 뿌리에는 일상의식의 '현실 실행자'가 자신을 극한까지 통제하는 '강박적 통제자'로, 초월의식의 '진리 탐구자'가 실수를 용납하지 않는 '독단적 설교자'로 물들어 있

　　　3부 현상: 내 삶의 드라마는 어떻게 만들어지는가?

습니다. 이는 '나는 부족하다.'와 '세상은 위험하다.'라는 믿음이 결합되어 완벽이라는 갑옷을 만든 형태입니다.

이 패턴은 실수가 가혹하게 비판받거나 성취를 통해서만 인정받은 환경에서 형성됩니다. "왜 100점이 아니니?"라고 묻는 부모, 작은 실수도 용납하지 않는 분위기는 '완벽하지 않으면 존재 가치가 없다'는 신념을 각인시킵니다. 형제나 또래와의 끊임없는 비교, 조건부 칭찬과 인정은 이 패턴을 더욱 견고하게 만듭니다. 다음은 한 박사과정 연구원의 사례입니다.

저는 논문 한 문장을 열 번도 넘게 고쳤어요. 더 나은 표현이 있을 거라는 생각에 잠을 못 잤습니다. 초고를 완성하고 나서도 제출 버튼을 누를 수가 없었어요. '이 정도로는 안 돼.'라는 목소리가 계속 들렸거든요. 학회 발표 준비할 때는 슬라이드 하나를 며칠 동안 붙잡고 있었습니다. 발표가 끝나고 박수를 받았지만, 귀에 들어오지 않았어요. 제 머릿속에는 '3분 30초에 버벅거렸어.', '저 그래프 설명이 부족했어.'라는 생각뿐이었습니다. 칭찬을 들으면 들을수록 '나는 사기꾼이야. 다들 내 부족함을 모르는 거야.'라는 생각이 커졌어요.

완벽형 패턴의 숨은 이득은 비판으로부터의 보호입니다. 완벽하면 비판받을 여지가 없고, 높은 기준은 우월감을 제공합니다. 또한 탁월함을 추구하는 사람으로 인정받으며, 성취를 통해 일시적 만족을 얻습니다.

그러나 완벽을 추구할수록 시작조차 못 하는 역설이 발생합니다. '제대로 할 수 없다면 하지 않는 게 낫다'는 생각에 중요한 일을 미루고, 과정을 즐기지 못합니다. 아무리 이루어도 만족할 수 없는 공허함에 시달리고, 창의성은 억압됩니다. 실패의 두려움이 커져 도전 자체를 회피하게 됩니다.

당신도 이 끝없는 자기 검열에 갇혀 있지는 않나요? 작은 실수에도 며칠간 자책하나요? 머릿속에서 '그때 이렇게 했어야 했는데.'를 끊임없이 반복하나요? 이 모든 검열의 아래에는 하나의 두려움이 있습니다. 완벽하지 않은 모습이 드러나면 사랑받을 자격을 잃는다는 믿음입니다. '불완전한 나는 정말 가치가 없을까?' 이 질문 앞에서 느껴지는 불안 속에 완벽형 패턴의 핵심이 있습니다.

     3부 현상: 내 삶의 드라마는 어떻게 만들어지는가?

▶ 패턴으로부터의 자유

지금까지 살펴본 6가지 패턴은 각각 고유한 두려움과 믿음, 그리고 그에 따른 자동 반응을 가지고 있습니다. 하지만 중요한 것은 이 패턴들이 당신의 정체성이 아니라는 사실입니다.

패턴을 인식하는 순간, 우리는 더 이상 그것이 아닙니다. 통제형 패턴을 경험하는 것과 통제형 '그 자체'인 것은 전혀 다릅니다. 망치를 들고 있는 사람에게는 모든 것이 못으로 보이듯, 하나의 패턴에 갇히면 모든 상황이 그 패턴의 색으로 물듭니다. 반면 알아차림은 상황에 따라 적절한 도구를 선택할 수 있는 자유를 줍니다.

'지금 패턴이 작동하는구나.'라고 알아차리는 순간, 이미 패턴에서 한발 물러난 것입니다. 그 공간에서 새로운 선택이 가능해집니다. 이 전환은 갑작스러운 도약이 아니라 매 순간의 알아차림을 통한 점진적 과정입니다. 어떤 날은 깊은 통찰이 일어나다가도, 다음 날은 다시 패턴에 휩쓸릴 수 있습니다. 그러나 이것도 과정의 일부입니다.

2장

관계의 드라마
: 반복되는 역할극의 역동

누군가를 만나는 순간, 무대가 달라집니다. 나의 패턴과 상대의 패턴이 맞물리며 보이지 않는 드라마가 시작됩니다. 한 사람의 두려움이 다른 사람의 방어로 이어지고, 그 방어가 또 다른 반응을 불러일으킵니다. 왜 우리는 늘 비슷한 역할극을 반복하게 될까요? 지금부터 그 역동을 들여다보겠습니다.

▶ 물듦의 시작

타인을 만나는 순간 당신의 자아 패턴이 활성화됩니다. 관계라는 무대에서 익숙한 역할을 되풀이하면서, 상대방을 특정한 역할로 끌어들입니다. 그러면서 상대의 색깔에도 물들어 갑니다. 이 상호 물듦의 과정이 끊임없는 갈등의 씨앗이 됩니다.

6가지 유형은 크게 세 가지 방식으로 작동합니다. 통제형과 완벽형은 예측과 통제로 불안을 다스리려 하고, 의존형과 희생자형은 취약함을 드러내 보호와 관심을 구하며, 순응형과 회피형은 자신을 숨겨 갈등을 피합니다. 이들이 만날 때, 서로의 상처를 자극하는 악순환이 시작됩니다.

처음에는 두 사람이 관계를 만드는 것처럼 보이지만, 시간이 흐르면 관계의 드라마가 둘 사이를 지배합니다. 각자의 방식대로 만났던 두 사람은 어느새 맞물린 톱니바퀴처럼 보이지 않는 구조 속에 갇힙니다. 이 구조는 행동과 감정, 심지어 생각까지도 정해진 궤도로 이끕니다. 보이지 않는 각본을 따라 움직이듯, 같은 장면을 끝없이 재연하게 됩니다.

일단 형성된 이 드라마는 강력한 관성을 지닙니다. 한 사람이 변하려 해도 상대가 익숙한 굴레로 되돌리고, 관계가 끝나도 다음 만남에서 비슷한 드라마가 되살아납니다. 이번 장에서는 이 드라마가 어떻게 만들어지고 작동하는지, 그리고 어떻게 그 속박에서 벗어날 수 있는지 들여다보겠습니다.

▶ 상호 강화의 늪

통제형과 의존형이 만났을 때, 처음에는 서로의 빈 곳을 정확히 채우는 것처럼 보였습니다. 그는 모든 것을 관리하고 싶어 했고, 그녀는 결정의 부담을 덜고 싶어 했습니다.

"오늘 뭐 먹을까?"
"네가 정해."
"치킨 어때?"
"음…… 네가 좋으면."

처음에는 이런 사소한 결정들이었습니다. 하지만 시간이 흐르면서 이 패턴은 삶의 모든 영역으로 스며들었습니다. 6개월 후에는 이직 여부를, 1년 후에는 부모님 방문 일정까지 물어보게 되었습니다.

"이번 주말에 엄마 만나려고……."

"이번 주는 안 돼. 다음 주에 가."

그녀는 '그가 더 잘 알겠지.'라고 생각했고, 2년 후에는 혼자서 아무 결정도 내리지 못하는 사람이 되어 있었습니다.

이것은 단순한 역할 분담이 아닙니다. 두 사람의 생존 전략이 서로를 완벽하게 증명해 주는 구조입니다. '세상은 위험하니 내가 지켜야 한다'는 그의 믿음과 '나는 혼자서 할 수 있는 게 없다'는 그녀의 믿음이 서로를 양분 삼아 커집니다. 그가 더 많이 통제할수록 그녀는 더 무능해지고, 그녀가 더 의존할수록 그의 통제는 더 정당해 보입니다.

통제형은 불안이 강화되는 반면, 의존형은 스스로의 힘을 잃어 갑니다. 완벽형이 더욱 가혹한 기준을 세울 때, 희생자형은 절망 속으로 가라앉습니다. 순응형이 자신을 더 깊이 숨길수록, 통제형의 요구는 거침없이 확장됩니다.

이런 만남은 안정적으로 보이지만, 서로의 패턴을 고착시킬 뿐입니다. 각자의 두려움이 상대를 통해 현실이 되고, 그 현실이 다시 두려움을 정당화합니다.

▶ 권력 투쟁의 전장

같은 패턴끼리 만나면 충돌이 일어납니다. 자신이 가장 부정하고 싶은 모습을 상대가 그대로 비추기 때문입니다.

● 통제형 vs 통제형

두 명의 통제형이 한 프로젝트팀에 배치되었습니다. 김 부장은 새로 온 이 부장을 보며 불편함을 느꼈습니다. 이 부장이 팀원들에게 세세한 지시를 내리는 모습, 모든 것을 자기 방식대로 바꾸려는 모습이 못마땅했습니다. '왜 저렇게 융통성이 없을까?'

그러나 팀원들은 속으로 웃었습니다. 김 부장이 이 부장을 비판하는 모든 내용이 정확히 김 부장 자신의 모습이었기 때문입니다. 자신 안의 그림자를 상대에게서 발견하고, 그것을 공격하며, 자신은 그렇지 않다고 증명하려는 것. 이것이 동일 패턴 충돌의 전형입니다. 두 사람이 서로의 거울이 되어 싸우는 동안, 회의는 전투가 되어 갔습니다.

"이 방식이 더 효율적입니다."
"아니, 제 경험상 이게 맞습니다."

"팀장으로서 제가 결정하겠습니다."
"부장님, 프로젝트 책임은 제게 있습니다."

작은 결정도 승부를 가려야 했고, 팀은 둘로 갈라졌습니다. 통제권을 놓을 수 없는 두 사람의 충돌은 모두를 지치게 만들었습니다. 두 사람 모두 '내가 통제하지 않으면 모든 것이 무너진다'는 두려움을 안고 있었지만, 그 두려움을 인정하는 대신 상대를 제압하려 했습니다. 결국 둘 다 자신이 가장 피하고 싶었던 상황, 즉 통제력을 잃는 상황에 빠져들었습니다.

● 회피형 vs 회피형

회피형끼리의 만남은 정반대의 모습을 보입니다. 그들은 서로의 회피를 암묵적으로 인정하고 허락합니다. 한 회피형 부부의 저녁 식사 시간입니다.

"오늘 어땠어?"
"그냥……."
"회사에서 무슨 일 있었어?"
"별일 없었어."

침묵이 흐릅니다. 그녀도 사실 남편에게 하고 싶은 말이 많았습니다. 엄마가 아프다는 이야기, 직장 상사와의 갈등, 가족 속에서도 홀로라는 외로움. 하지만 입을 열면 긴 대화가 될 것 같아 그냥 삼킵니다. 남편도 마찬가지였습니다. 회사에서 요구하는 부서 이동, 건강검진 결과에 대한 불안. 하지만 말하면 문제가 커질 것만 같았습니다.

"나 먼저 들어갈게."
"응, 그래."

그들은 서로 알고 있었습니다. 무언가 잘못되어 가고 있다는 것을. 하지만 그것을 꺼내는 순간 감당할 수 없는 일이 벌어질 것 같아 둘 다 침묵을 선택했습니다. 때로는 눈이 마주쳤을 때, 서로의 외로움을 보았지만 곧 시선을 돌렸습니다. 그렇게 10년이 흘렀습니다. 큰 갈등 없는 일상이 이어졌지만, 그들의 관계는 점점 공허해졌습니다.

● 희생자형 vs 희생자형

한편 희생자형끼리는 고통을 교환합니다. 친구 모임에서 만난 두 희생자형입니다. 한 사람이 말을 시작합니다.

"우리 팀에서 나만 맨날 고생이야. 진짜 불공평해."

"그래? 나는 더해. 어제 야근하다가 새벽에 들어갔는데, 오늘 아침에 또……"

대화는 누가 더 고통받는지를 겨루는 경쟁이 됩니다. 한 사람이 자신의 어려움을 말하면, 다른 사람은 더 큰 고통으로 응수합니다. 서로를 위로하는 것이 아니라, 자신의 피해자 위치를 증명하려 합니다. "적어도 너는……", "하지만 나는……" 이런 식의 대화가 끝날 때, 둘 다 더 외롭고 더 억울해져 있습니다.

희생자형에게 고통은 정체성이자 존재 증명입니다. '내가 더 힘들다'는 것을 인정받아야 자신의 자리가 확보됩니다. 하지만 두 희생자가 만나면 누구도 상대의 고통을 인정할 수 없습니다. 인정하는 순간 자신의 고통이 작아지고, 그것은 곧 자신의 존재가 무시당하는 것처럼 느껴지기 때문입니다. 결국 두 사람은 서로에게 위로받지 못한 채, 각자 더 깊은 고립 속으로 빠져듭니다.

● 완벽형 vs 완벽형

완벽형끼리는 비판의 칼날을 서로에게 겨눕니다. 같은 학과 대학원생인 두 완벽형이 함께 논문을 쓰기로 했습니다. 첫 번째 초안을 주고받는 순간부터 문제가 시작되었습니다.

"이 문단은 논리적 비약이 있어. 다시 써야 할 것 같은데."
"그럼 네가 쓴 이 부분은? 참고 문헌 인용도 부정확하고."
"내가 했던 건 사소한 실수지만, 네 건 구조적 문제잖아."
"사소하다고? 학술적 정직성의 문제인데."

작은 실수도 용납하지 않는 두 사람이 만나자, 관계 자체가 심판대가 되었습니다. 서로의 불완전함을 지적하는 것이 대화의 전부가 되었고, 결국 프로젝트는 무산되었습니다. 둘 다 상대 때문이라고 생각했지만, 실은 자신의 불완전함을 견디지 못하는 두려움이 충돌한 것이었습니다.

완벽형에게 실수는 곧 자신의 존재 가치를 부정당하는 것과 같습니다. 그래서 타인의 실수를 지적하는 것은 '나는 저렇지 않다'는 증명이 됩니다. 하지만 두 완벽형이 만나면 서로가 서로의 거울이 되어, 견딜 수 없는 불완전함을 끊임없이 비춥니다. 비판은 상대를 향한 것처럼 보이지만, 실은 자신 안의 '충분하지 않음'에 대한 공포를 상대에게 투사하는 것입니다. 결국 둘 다 완벽을 추구했지만, 그 완벽함에 대한 집착이 모든 협력을 불가능하게 만들었습니다.

▶ 교차 패턴이 연출하는 드라마

교차 패턴들의 만남은 세 가지의 독특한 역동을 만들어 냅니다.

● 보이지 않는 대화

먼저 '보이지 않는 대화'입니다. 이는 순응형과 회피형의 관계에서 발생합니다. 순응형인 그녀는 회피형인 그의 침묵을 자신이 채워야 할 공백으로 여겼습니다.

"당신 지금 화났지? 내가 어제 늦게 들어와서?"
"……."
"미안해. 다시는 안 그럴게."

그는 아무 말도 하지 않았지만, 그녀는 전체 대화를 혼자 완성했습니다. 그녀는 그의 침묵 속에서 비난과 실망을 읽어 냈고, 그것을 달래기 위해 더 많이 사과하고 더 많이 양보했습니다. 시간이 지날수록 관계는 그녀 혼자의 것이 되어 갔고, 그는 점점 더 희미해져 갔습니다. 그녀의 '갈등을 피하려는' 노력이 그의 '회피'를 완벽하게 보호하는 구조였습니다. 결국 그녀는 혼자 지친 채 관계 안에서 외로워졌고, 그는 아무 책임도 지지 않은 채 멀어져 갔습니다.

● 닿을 수 없는 거리

회피형과 의존형이 만나면 한 사람은 다가가고 다른 사람은 멀어지는 움직임이 시작됩니다. 의존형인 아내와 회피형 남편의 대화입니다.

"요즘 우리 대화가 좀 없지 않아? 바람 쐴 겸 강변으로 드라이브 갈래?"

"이번 주말은 좀……. 혼자 있고 싶어."

"내가 뭐 잘못했어? 요즘 나한테 관심이 없는 것 같아."

"왜 이렇게 몰아붙여. 숨 좀 쉬게 해 줘."

그녀가 다가갈수록 그는 숨이 막혔고, 그가 멀어질수록 그녀는 버림받을까 두려웠습니다. 그의 거리두기는 그녀의 불안을 더욱 키웠고, 그녀의 다가감은 그를 더 멀어지게 했습니다. 한 사람은 "숨 막혀."를 외치고, 다른 사람은 "외로워."를 외치지만, 누구도 여기서 벗어나지 못합니다. 적정한 거리를 찾지 못한 채, 끝없이 밀고 당기는 관계가 계속됩니다. 결국 그녀는 더 집착하게 되고 그는 더 멀어지며, 둘 다 자신이 가장 두려워하던 상황을 스스로 만들어 냅니다.

● 고정된 역할극

통제형과 희생자형이 만나면 가해자와 피해자의 각본이 펼쳐집니다. 다음은 통제형 상사와 희생자형 부하 직원의 관계입니다.

"이 보고서, 내일까지 수정해서 제출하세요."
"네, 알겠습니다."
"김 대리, 어제 부탁한 보고서는?"
"죄송합니다. 시간이 부족해서……."
"시간 관리를 제대로 못 하네요."
"……."

직원은 또다시 자신의 무능함을 확인했고, 상사는 더 강한 통제가 필요하다고 확신했습니다. 희생자형은 실패를 통해 자신의 무력함을 증명하고, 통제형은 그 실패를 보며 더 강한 통제가 필요하다고 믿게 됩니다. 서로가 서로의 믿음을 완벽하게 증명해 주는 구조입니다.

완벽형과 순응형이 만나면 심판관과 죄인의 구조가 형성되기도 합니다. 다음은 완벽형 남편과 순응형 아내의 저녁 식사입니다.

"자기야, 저녁 먹자."
"(한 입 먹고) 소금이 좀 센데?"
"미안해. 너무 많이 넣나 봐."
"이 반찬도 좀 짜. 맛을 봤어?"
"미안, 다음엔 더 신경 쓸게."
"이건 괜찮네. 근데 이건……"
"……"

식사 내내 아내는 남편을 살폈고, 남편은 음식을 평가했습니다. 남편의 기준은 점점 더 높아지고, 아내는 점점 더 작아집니다. 완벽형의 '완벽에 대한 집착'이 순응형의 '인정받고 싶은 욕구'와 맞물리면서, 한 사람은 평가하는 위치에 서고, 다른 사람은 늘 부족한 사람이 됩니다. 아내가 더 애쓸수록 남편의 기준은 더 올라가고, 남편이 더 비판할수록 아내는 자신을 더 잃어 갑니다. 이 역할은 너무나 견고해서, 다른 가능성을 상상조차 할 수 없게 됩니다.

▶ 관계 구조의 고착

두 사람의 패턴이 맞물려 만들어진 관계의 구조는 일단 형성되면 스스로를 유지하려는 강력한 관성을 갖게 됩니다. 이 구조의 지속성은 놀랍습니다. 관계가 끝나도, 시간이 흘러도 우리를 익숙한 길로 이끕니다. 이것은 단순한 습관이 아니라, 신경계에 각인된 관계의 지도입니다.

자기충족적 예언은 다양한 형태로 나타납니다. 실패를 두려워하는 완벽형은 시작조차 못 하고 '역시 난 부족해.'라고 결론짓습니다. 거절을 두려워하는 순응형은 자기 검열을 반복하다 '아무도 날 이해 못 해.'라고 믿게 됩니다. 친밀함을 두려워하는 회피형은 표면적 관계만 유지하다 '진짜 연결은 불가능해.'라고 체념합니다.

제삼자가 개입해도 구조는 유지됩니다. 통제형 아버지와 의존형 어머니 사이에서 자란 딸이 있었습니다. 그녀는 부모의 모습을 보며 '나는 절대 엄마처럼 살지 않을 거야.'라고 다짐했습니다. 그러나 성인이 된 그녀는 극단적인 통제형이 되어 있었습니다. 익숙한 역동에서 벗어나려던 시도가 오히려 그 구조의 다른 극단으로 이끈 것입니다.

두려움으로 선택한 길은, 방향만 다를 뿐 같은 생존모드에 머뭅니다.

물듦을 인식한다는 것은 관계의 구조를 본다는 것입니다. '나는 통제형이야.'가 아니라 '우리가 통제의존 구조를 만들고 있구나.'라고 알아차리는 것입니다.

잠시 멈추고 자신의 관계를 돌아보세요. 어떤 구조가 보이나요? 한 사람이 강해질수록 다른 사람은 약해지는 '상호 강화형'일 수 있습니다. 통제와 의존, 완벽과 희생, 이런 조합이 서로를 극단으로 밀어 넣습니다. 아니면 같은 영역에서 끊임없이 경쟁하는 '권력 투쟁형'일 수 있습니다. 두 통제형이 만나거나, 두 완벽형이 충돌할 때 일어나는 일입니다. 또는 가까워지려 하면 멀어지고, 멀어지면 다가오는 '추격도피형'일 수 있습니다. 의존과 회피, 순응과 회피가 만날 때 이런 역동이 나타납니다.

상대가 바뀌어도 같은 역할을 반복하고 있다면, 그것이 관계 구조의 힘입니다. 하지만 알아차림은 이 힘에 균열을 만들 수 있습니다.

혼자서의 알아차림과 관계 안에서의 알아차림은 다릅니다. 혼자일 때는 패턴을 알아차린 뒤 자기 호흡으로 머물 수 있지만, 관계 안에서는 상대의 반응이 즉시 되돌아옵니다. 그래서 관계의 변화는 더 예측할 수 없고, 더 용기가 필요합니다. 하지만 함께 알아차리는 순간에 한 번이라도 닿는다면, 관계 안에서 만들어진 패턴이 관계 안에서 비로소 온전히 드러나고, 녹아내리기 시작합니다. 같은 갈등이 계속 반복되거나, 패턴을 알아도 바꿀 수 없을 때, 외부의 시선이 변화의 계기가 될 수 있습니다. 관계 전문가의 도움을 받되, "우리가 반복하는 패턴이 있는 것 같다"고 설명하면 더 효과적인 도움을 받을 수 있습니다. 이것은 관계를 지키겠다는 용기이자, 함께 성장하겠다는 결단입니다. 맑은 관계는 완벽한 두 사람이 아니라, 함께 알아차리는 두 사람 사이에서 피어납니다.

▶ 관계의 새로운 가능성

물들지 않는 관계는 없습니다. 우리는 만나는 순간부터 서로에게 영향을 미칩니다. 하지만 어떤 영향을 주고받을 것인지는 선택할 수 있습니다.

의식적 관계는 이런 모습입니다. 통제형이었던 사람이 불확실성을 견딜 수 있게 됩니다. 의존형이었던 사람이 자신의 힘을 신뢰하기 시작합니다. 회피형이었던 사람이 감정을 표현할 용기를 냅니다. 희생자형이었던 사람이 자신의 선택에 책임을 집니다. 순응형이었던 사람이 자신의 목소리를 찾아갑니다. 완벽형이었던 사람이 불완전함을 받아들입니다.

서로의 패턴을 알아차렸을 때 비난 대신 이해가 일어납니다. 상대의 행동 뒤에 숨은 두려움과 상처를 보게 됩니다. 옛 패턴에 빠져도 서로 격려하며 다시 나아갈 수 있습니다. 이것은 완벽한 관계가 아니라 성장하는 관계입니다. 익숙한 패턴에 갇혀 있을 때는 두려움이 두려움을 강화하지만, 알아차림이 깊어질 때는 한 사람의 성장이 다른 사람의 성장을 촉진합니다.

매 순간 우리는 선택할 수 있습니다. 옛 패턴을 반복할 것인가, 새로운 가능성을 시도할 것인가. 알아차림이 있다면, 우리는 더 이상 패턴의 노예가 아닙니다. 관계의 구조를 볼 수 있고, 멈출 수 있으며, 다르게 응답할 수 있습니다.

다음 장에서는 이러한 관계 패턴이 어떻게 당신의 인생 전체를 지배하는 시나리오로 발전하는지 탐구합니다. 패턴이 만들어 낸 역할이 어떻게 인생 각본이 되는지, 또 그 각본에서 벗어나 새로운 이야기를 쓰는 법을 발견하게 될 것입니다.

본에서 벗어나 새로운 이야기를 쓰는 법을 발견하게 될 것입니다.

삶의 드라마
: 여섯 가지 내면 시나리오

▶ **내면 시나리오 이해하기**

2장에서 살펴본 관계의 드라마는 단순한 반복에 그치지 않습니다. 같은 패턴이 되풀이되면서 반응이 고정되면, 그것은 점차 당신의 삶 전체를 관통하는 하나의 서사가 됩니다. '나는 결국 ~하게 될 것이다.'라는 형태로 각인된 이 서사, 이것이 바로 내면 시나리오입니다. 의식적으로는 행복을 원하지만 무의식의 시나리오는 이미 정해진 결말을 향해 당신을 이끌어 갑니다.

이 시나리오가 평생 지속되는 이유는 당신의 뇌가 자신의 신념을 보호하고 강화하기 위해 작동하기 때문입니다. 그 방식은 교묘합니다.

먼저 확증편향입니다. 자신의 신념을 확인해 주는 정보에만 집중하고, 반대되는 증거는 무시합니다. 시나리오에 부합하는 한 가지 부정적 신호에 집중하면서, 백 가지 긍정적 증거를 놓칩니다. '나는 결국 버림받을 것이다.'라고 믿으면, 상대가 수십 번 건넨 다정함은 보지 않고 사소한 무심함 하나만 봅니다. '나는 충분하지 않다'고 믿으면, 자신의 성공은 '운이 좋았을 뿐'이라고 치부하고, 사소한 실수는 자신의 무능함의 증거로 삼습니다.

왜곡된 비교도 작동합니다. 자신의 약점과 타인의 강점만을 비교하거나, 반대로 자신의 강점만 부각하며 타인을 깎아내립니다. 어느 쪽이든 있는 그대로를 보지 못합니다. '나는 부족하다'는 믿음은 때로 열등감으로, 때로 과장된 우월감으로 나타나며 더욱 견고해집니다.

과거의 투사는 더 깊은 곳에서 작동합니다. 과거의 상처를 직면하지 못하고 억압하면, 그것은 무의식에서 더 강해져 현재를 물들입니다. 과거의 경험이 현재 상황을 해석하는 틀이 되어, 상대의 말과 행동을 있는 그대로 보지 못하고 자신의 고통에만 집중합니다.

이 세 가지가 서로 맞물려 시나리오를 스스로 증명하고 강화합니다. 과거의 투사는 지금 일어나는 일마저 과거의 틀로 해석하고, 확증편향은 보고 싶은 것만 믿으며, 왜곡된 비교는 그릇된 자기 평가를 굳힙니다.

이는 곧 관계 속에서 특정 행동(방어, 회피, 집착 등)을 유발하고, 이 행동은 상대방의 반응을 이끌어 냅니다. 그리고 당신은 상대의 그 반응을 보며 '역시 내 생각이 맞았어.'라고 결론 내리며 원래의 신념을 더욱 단단하게 만듭니다. 이처럼 내면 시나리오는 스스로를 증명하는 자기충족적 예언이 됩니다.

앞으로 살펴볼 시나리오들 안에서 1장의 패턴 이름들이 다시 등장합니다. 하지만 의미가 다릅니다. 1장의 '회피형 패턴'은 그 자체로 하나의 독립된 자아 패턴입니다. 반면 이 장에서 말하는 '버림 불안의 회피형'은 버림 불안이라는 시나리오가 회피라는 방식으로 표현되는 것입니다. 1장의 패턴이 '어떤 사람인가.'라면, 이 장의 유형은 '어떻게 대응하는가.'입니다. 같은 시나리오도 사람에 따라 집착으로, 회피로, 통제로 다르게 나타납니다.

▶ 여섯 가지 시나리오

당신의 삶을 은밀하게 지배하는 내면 시나리오는 몇 가지 보편적인 주제로 나타납니다. 각 시나리오는 특정한 핵심 신념에서 출발하여, 전형적인 행동 양식을 만들어 내고, 예측 가능한 결과로 이어집니다.

● 버림 불안 시나리오: 나는 결국 혼자다

'나는 결국 혼자다.'라는 버림 불안 시나리오는, 본래 다양한 역할을 유연하게 오가던 일상의식의 '자아 조율자'가 가면을 쓰는 '분열된 연기자'로, 건강한 경계를 만들던 '경계 설정자'가 '갈등 회피자'로, 현실을 구축하던 '현실 실행자'가 '강박적 통제자'로 물들어 만들어진 모습입니다. 이 시나리오의 중심에는 관계가 언제든 끝날 수 있다는 깊은 공포가 있습니다.

버림받음은 어린아이에게 생존 자체의 위협입니다. 부모의 갑작스러운 부재, 일관되지 않은 관심이 '언제든 떠날 수 있다'는 불안을 심어 줍니다. 중요한 사람의 이별이나 상실, 친구와의 갑작스러운 단절이 이 시나리오를 강화합니다.

버림 불안에 사로잡힌 신경계는 관계의 모든 순간에서 이

별의 신호를 찾습니다. 가슴이 조이고, 호흡이 얕아지며, 수시로 심장이 철렁합니다. 상대의 표정 변화, 답장 지연, 말투의 미묘한 변화에 신체가 먼저 반응합니다. 당신이 의식하기도 전에 신경계가 위협을 감지하고 경보를 울립니다.

버림받을까 봐 상대를 강하게 붙잡으려는 사람들이 있습니다. 이들은 집착형으로 나타나며, 연인의 답장이 늦으면 '싫증 난 거 아닐까?'라고 의심하고, "나 사랑해? 얼마나? 정말?"이라며 반복적으로 확인을 요구합니다. 배우자의 귀가 시간, 자녀의 독립, 친구의 소원함도 불안의 신호로 읽습니다. 상대의 모든 행동을 감시의 렌즈로 봅니다. 불안을 달래기 위해 더 자주 연락하고, 더 많이 확인하며, 더 깊은 관심을 요구하지만, 이 노력들은 역설적으로 상대를 더 멀게 합니다.

스스로 관계를 먼저 끊으려는 사람들도 있습니다. 이들은 회피형으로 나타나며, '어차피 떠날 거 아니야.'라며 처음부터 깊은 관계를 거부합니다. 누군가 가까워지려 하면 도망칩니다. 신체는 친밀함 앞에서 극도로 긴장하고, 도망치고 싶은 충동을 느낍니다. 친밀해질 조짐이 보이면 자신이 먼저 상대를 밀어냅니다. 이들에겐 혼자만이 안전합니다. 하지만 고립이 반복되면, 결국 정말로 혼자 남겨집니다.

또 다른 대응 방식이 있습니다. 버림받을까 봐 상황 자체

       3부 현상: 내 삶의 드라마는 어떻게 만들어지는가?

를 통제함으로써 관계를 붙잡으려는 사람들입니다. 이들은 통제형으로 나타나며, 배우자의 외출을 꼼꼼히 확인하고, 자녀의 선택을 결정해 주며, 친구들의 시간을 자신의 필요에 맞춥니다. 계획이 흐트러지면 극심한 불안을 느끼고, 통제 밖의 상황이 생기면 분노합니다. 항상 무언가를 감독하고 지시해야 하며, 휴식이 무엇인지 모릅니다. 그 결과 관계는 통제와 저항의 악순환이 되고, 상대는 점점 숨 막혀 하다가 결국 떠나갑니다.

버림 불안에서 벗어나는 것의 핵심은 관계가 끝날 수 있다는 것을 받아들이면서도, 동시에 끝나지 않는 관계가 있다는 것을 경험하는 것입니다. '관계는 언제든 끝날 수 있다. 그리고 그것은 재앙이 아니다.'라는 것을 마음과 몸이 함께 받아들일 때 비로소 불안은 감소합니다. 안전한 관계 속에서 반복된 긍정적 경험이 축적될 때, 신경계는 새로운 안전감을 학습합니다.

● 배신 불신 시나리오: 사람은 믿을 수 없다

'사람은 믿을 수 없다.'라는 배신 불신 시나리오는, 안정적인 현실을 만드는 '현실 실행자' 기능이 '강박적 통제자'로, 건강한 경계를 만들던 '경계 설정자'가 '갈등 회피자'로 물들고, 판단 없이 있는 그대로 목격하는 초월의식의 '순수 관찰자'가 '냉담한 방관자'로 변질될 때 만들어진 모습입니다. 배신이라는 위험을 막기 위해 상대를 통제하고 감시하는 행동이 반복되면서, '역시 사람은 믿을 수 없어.'라는 믿음을 강화합니다. 이 시나리오의 중심에는 세상은 위험하다는 신념이 있습니다.

신뢰가 무너지는 경험은 세상 자체를 위협으로 바꿔 놓습니다. 지켜지지 않은 약속, 편을 들어줄 것이라 믿었던 사람의 외면, 비밀이 새어 나간 경험이 '사람은 결국 나를 배신한다'는 시나리오를 굳힙니다.

배신에 대한 두려움이 신경계를 지배할 때, 그것은 깊고 만성적인 경보 상태가 됩니다. 의심 속에 갇힌 신경계는 항상 투쟁과 도피 사이를 헤맵니다. 어깨와 목의 긴장은 풀리지 않고, 깊게 잠들지 못하며 작은 소리에도 깨어납니다. 눈빛에는 경계심이 드러나고, 사소한 상황도 위협으로 느껴집니다. 작은 친절이 의심의 대상이 되고, 선의마저 악의로 읽힙니다.

의심이 들면 지속적으로 감시하고 확인하려는 사람들이 있습니다. 이들은 감시형으로 나타나며, 새로운 동료의 친절을 의심하고, 팀장의 칭찬을 진심이 아니라고 생각합니다. 가족 관계에서 자녀의 말을 곧이곧대로 믿지 못하고, 배우자의 외출을 추적합니다. 친구들과는 비밀이 새어 나갈 것을 두려

위해 깊은 대화를 피합니다. 이 노력들은 역설적으로 상대를 더 멀게 합니다.

신뢰할 수 없으니 관계를 최소화하고 끊으려는 사람들도 있습니다. 이들은 고립형으로 나타나며, 누군가 가까워지려 하면 불안해져 스스로 물러납니다. 직장에서도 동료와의 관계를 최소한으로 유지하고, 혼자만이 안전하다고 믿으며, 배우자와도 기능적인 관계만 유지합니다. 신체는 친밀함 앞에서 극도로 긴장하고, 도망치고 싶은 충동을 느낍니다. '어차피 떠날 거 아니야.'라며 처음부터 깊은 관계를 거부하고, 친밀해질 조짐이 보이면 자신이 먼저 상대를 밀어냅니다.

변화는 의심의 뿌리를 인정하는 것에서 시작됩니다. '무엇이 나를 이토록 의심하게 만들까? 내 안의 어떤 아픔이 나를 가두고 있는 걸까?'라는 질문을 마주할 때, 변화의 가능성이 열립니다. 상대의 의도를 부정적으로 해석하는 습관을 멈추고, 긍정적 의도도 있을 수 있다는 것을 몸으로 경험해야 합니다. 신뢰할 수 있는 관계 속에서 안전함이 확인되는 경험이 누적될수록, 무의식에 각인되었던 불신의 믿음은 점차 재구성됩니다.

● 피해자 시나리오: 나는 항상 피해자다

'나는 항상 피해자다.'라는 피해자 시나리오는, 초월의식의 있는 그대로를 비추는 '순수 관찰자'가 '냉담한 방관자'의 체념으로 물들고, 열린 질문으로 진리를 탐구하는 '진리 탐구자'가 자신의 피해를 절대적 진리로 주장하는 '독단적 설교자'로 물들고, 순수한 호기심으로 가득했던 심층의식의 '내면아이'가 '상처받은 아이'의 무력감에 갇힐 때 만들어진 모습입니다. 모든 불행의 원인을 외부에서 찾고 변화를 포기하는 행동이 반복되면서, '나는 언제나 피해자일 뿐.'이라는 믿음을 강화합니다. 이 시나리오의 중심에는 '모두가 나를 이용하고 상처를 준다'는 신념이 있습니다.

이 시나리오는 어린 시절 실제 피해를 당했으나 인정받지 못했던 환경에서 형성됩니다. 일방적인 학대나 무관심 속에서도 감정을 표현할 수 없었고, 가정 폭력이나 중독 가정에서 어른의 책임을 대신 져야 했습니다. 깊은 상처가 있었지만 아무도 그것을 알아주지 않았을 때, '나는 피해자'라는 정체성이 유일한 보호막이 됩니다.

피해자 신념 속에 사는 이들의 신경계는 만성적인 과각성 상태에 빠져 있습니다. 대화마다 피해의식이 드러나고, 항상 누군가와 맞서는 긴장 속에 있습니다. 분노가 일상이 되었고,

   3부 현상: 내 삶의 드라마는 어떻게 만들어지는가?

그 분노는 정당해 보입니다.

피해에 대해 격렬하게 분노하며 상대를 비난하려는 사람들이 있습니다. 이들은 분노형으로 나타나며, 무엇이 잘못되어도 늘 타인의 책임이고, 자신은 억울한 피해자입니다. 상대의 친절조차 숨겨진 의도가 있다고 해석하고, 동정과 지지를 요구하지만, 받은 것도 불충분하다고 느껴 더 많은 증명을 요구합니다. 상대는 끝없는 비난과 고통의 반복에 지쳐 가고, 결국 관계를 끝냅니다.

스스로를 피해자로 규정하며 변화 자체를 포기하는 사람들도 있습니다. 이들은 무기력형으로 나타나며, 문제의 원인을 외부에 두기 때문에 스스로 할 수 있는 일은 아무것도 없다고 믿습니다. '내가 뭘 할 수 있겠어?'라며 변화를 거부합니다. 신체는 무기력에 빠져 있고, 항상 피곤하며, 아무것도 시작할 에너지가 없습니다. 이들은 변화를 위한 어떤 노력도 포기하고, 단지 고통 속에 머물기로 선택합니다.

피해자 시나리오에서 벗어나는 것의 핵심은 자신이 입은 상처를 인정하고 애도하되, 그것이 현재의 모든 상황을 결정하지는 않는다는 것을 깨닫는 것입니다. '나는 피해를 입었다. 그리고 동시에 나는 여기서 무언가를 선택할 수 있다.'라는 이중의 진실을 반복적으로 경험하면서, 비로소 피해자 정체성의 덫에서 벗어날 수 있습니다.

● 자기 상실 시나리오: 나는 스스로 설 수 없다

'나는 스스로 설 수 없다.'라는 자기 상실 시나리오는, 자신의 다양한 모습을 조율하는 일상의식의 '자아 조율자'가 가면을 쓰는 '분열된 연기자'로, 순수한 호기심의 심층의식의 '내면 아이'가 '상처받은 아이'의 무력감으로 물들고 진정한 치유가 아닌 타인을 구원하는 것으로만 존재 가치를 확인하려는 초월의식의 '통합 치유자'가 '강박적 구원자'로 변질된 모습입니다. 타인의 의견에만 따르는 행동이나 스스로 결정하지 못하는 행동들이 반복되면서 '나는 스스로 설 수 없다'는 믿음을 공고히 합니다. 이 시나리오의 중심에는 내가 무엇을 원하는지 모른다는 혼란이 있습니다.

이 시나리오는 자신의 선택과 판단이 반복적으로 거부당하면서 형성됩니다. 부모가 모든 것을 결정해 주거나, 불안정한 부모의 감정을 떠안아야 했던 경험은 '내 판단은 믿을 수 없다'는 믿음을 내면화시킵니다. 이는 또래 관계에서의 집단 압력, 학교와 사회가 요구하는 획일적 기대 속에서 더욱 강화됩니다. 시간이 지나면서 자신이 누구인지, 무엇을 원하는지 알 수 없는 상태가 고착됩니다.

자기 상실 속에 있는 사람은 선택 자체에 극심한 불편함을 느낍니다. 식당 메뉴를 고르는 것부터, 전공, 진로 같은 중대한 선택은 물론 자신이 진정으로 원하는 것이 무엇인지조차 알지 못합니다. "네가 하고 싶은 게 뭔데?"라는 질문 앞에서 막막해집니다. 더 깊은 차원에서는 욕구 자체를 억압합니다. 자신이 무엇을 원하는지 들여다보려 하면 가슴이 답답해 집니다. 만성 피로, 두통, 소화불량이 반복되며, 억압된 목소리가 신체를 통해 드러나는 것입니다.

늘 자신보다 타인을 먼저 생각하며 "나는 괜찮아."를 반복하는 사람들이 있습니다. 순응형입니다. 친구 관계에서 자신을 지우고, 연인 관계에서 상대를 따르고, 직장에서 의견을 내세우지 못하는 이들에게 가장 큰 두려움은 타인의 불편함입니다. 자신의 표현이 관계를 끝낼 것 같아 경계를 세우지 못하고, 결국 타인의 기대에 맞추는 것이 생존 전략이 되어 버린 것입니다.

다른 사람의 결정을 끝없이 기다리는 사람들도 있습니다. 이들은 의존형으로 나타나며, 스스로 결정하는 것이 불가능해 보입니다. 누군가 지시해 주기를 기다리고, 상대의 의견이 자신의 의견이 되어야 안정감을 느낍니다. 이들은 주도권을 완전히 포기한 채 타인 중심의 삶을 살아갑니다. 신체는 무기력함에 빠져 있고, 의사결정 앞에서 행동할 수 있는 에너지가 없습니다.

자기 상실 시나리오에서 벗어나는 것의 핵심은 작은 것부터 자신의 목소리를 내는 것입니다. 가슴의 답답함이나 머리의 무거움 같은 신체 신호를 인식하고, 그 신호가 '이건 내가 원하는 게 아니야.'라는 몸의 목소리임을 알아차리는 것입니다. 타인의 기대에 맞추지 않아도 사랑받을 수 있고, 자신의 선택이 관계를 끝내지 않는다는 경험이 반복될 때, 존재는 비로소 '나 자신으로 있어도 괜찮다'는 안전함을 새롭게 배워 갑니다.

● 무가치감 시나리오: 나는 충분하지 않다

'나는 충분하지 않다.'라는 무가치감 시나리오는, 일상의식의 건강한 한계를 만들던 '경계 설정자'가 '갈등 회피자'로, 꿈을 현실로 만드는 '현실 실행자'가 '강박적 통제자'로 물들고, 순수한 호기심으로 가득했던 심층의식의 '내면아이'가 인정받아야만 가치 있다고 믿는 '상처받은 아이'로 물든 모습입니다. 실패가 두려워 시작조차 하지 않는 행동이나 완벽하지 않으면 가치가 없다고 믿는 행동들은 '역시 나는 부족해.'라는 내면의 목소리를 강화시킵니다. 이 시나리오의 중심에는 끝없

　○　3부 현상: 내 삶의 드라마는 어떻게 만들어지는가?

는 부족함이 있습니다.

이 시나리오는 성과를 통해서만 사랑과 인정을 받을 수 있었던 환경에서 형성됩니다. 부모의 사랑이 성적이나 상장 같은 조건에 따라 주어졌을 때, 형제나 친구와의 끊임없는 비교, 작은 실수에도 돌아오는 가혹한 비판은 '충분히 잘해야만 가치 있다'는 믿음을 내면화시킵니다. 이는 학교의 경쟁 문화, 직장의 성과 평가 체계 속에서 더욱 강화됩니다. 시간이 지나면서 있는 그대로의 자신은 부족하고 사랑받을 수 없다는 신념이 고착됩니다.

이 신념에 사로잡힌 사람의 내면에는 가혹한 비평가가 살고 있습니다. 끊임없이 자신의 결점을 찾아내고, 작은 실수도 용납하지 않으며, 성공은 운으로 치부하고 실패는 무능의 증거로 삼습니다. 무가치감에 갇힌 몸은 얼어붙습니다. 칭찬을 받아도 충만한 기쁨을 느끼지 못하고, 다음 실패를 걱정하며 몸이 경직됩니다. 타인의 시선 속에서 몸은 더욱 움츠러들고, 목소리는 힘을 잃으며, 눈은 마주하기를 피합니다.

도전을 거부하고 실패를 피하려는 사람들이 있습니다. 이들은 회피형으로 나타나며, 새로운 기회가 와도 '어차피 안 될 거야'라며 시작하기 전에 포기합니다. 작은 실수는 자신의 무능함을 증명하는 것이기에, 실패의 가능성 자체를 차단하는 것이 유일한 방어 전략이 됩니다. 시도 자체를 거부함으로써 실패로부터 자신을 보호하려 합니다.

반대로 완벽함과 성과를 끝없이 추구하는 사람들도 있습니다. 이들은 과잉성취형으로 나타나며, 정반대처럼 보이지만 뿌리는 같습니다. 자신의 가치를 증명하기 위해 끊임없이 자신을 채찍질합니다. 동료보다 먼저 출근하고 늦게 퇴근하며, 소화 기능이 무너져도 멈추지 않습니다. 하지만 아무리 성공해도 내면의 공허함은 채워지지 않고, 항상 더 높은 목표를 향해 달려가며 결코 만족할 수 없는 경주를 계속합니다.

무가치감에서 벗어나려면, 성취와 관계없이 자신의 존재 자체에 가치가 있다는 것을 반복적으로 경험하고 내면화하는 것입니다. 실패해도 괜찮다는 것을, 완벽하지 않아도 충분하다는 것을 반복해서 경험할 때, 내면의 가혹한 비평가의 목소리는 점차 약해지고, 성과와 자신의 가치가 분리되기 시작합니다. 이것은 성과를 포기하는 것이 아니라, 성과에 매이지 않는 자유를 찾아가는 과정입니다.

● 정서 결핍 시나리오: 나는 채워지지 않는다

'나는 채워지지 않는다.'라는 정서 결핍 시나리오는, 심층의식의 '원초적 생명력'이 극단적 자극을 추구하는 '어둠의 중독'

  ○   3부 현상: 내 삶의 드라마는 어떻게 만들어지는가?

으로 물들고, '몸의 목소리'가 감정을 마비시키는 '몸의 침묵'으로 왜곡되며, 초월의식의 '비전 창조자'가 공허를 환상으로 채우려는 '환상의 건축가'로 변질될 때 나타납니다. 내면의 공허를 잊기 위해 감정을 마비시키는 행동이나 일에 중독적으로 몰두하는 행동들은 이 시나리오를 강화합니다. 이 시나리오는 부모가 곁에는 있었지만 정서적으로 부재했던 어린 시절에 형성됩니다. 울어도 안아 주지 않았고, 웃어도 함께 웃지 않았던 경험. 대화는 있었지만 마음이 닿지 않았던 관계. 이런 경험이 반복되면 감정을 느끼는 통로가 닫히고, 무엇을 해도 채워지지 않는 공허함이 자리 잡습니다.

이렇게 무감각 속에 갇힌 사람은 만성적인 공허 상태에 빠집니다. 신체는 이 공허함을 여러 신호로 드러냅니다. 가슴이 텅 빈 것처럼 느껴지고, 호흡은 얕으며, 피부감각도 둔해집니다. 감정과 현실 사이에 투명한 벽이 생긴 것처럼, 무언가를 경험해도 온전히 닿지 않는 상태가 지속됩니다.

강렬한 자극을 계속 추구하는 사람들이 있습니다. 이들은 자극추구형으로 나타나며, 평범한 일상이 견디기 힘들고, 출근길, 점심 시간, 저녁 시간 등 일상 전체가 공허하게 느껴집니다. 술, 쇼핑, 극한 운동 같은 강렬한 자극으로 살아 있음을 느낍니다. 하지만 그 효과는 일시적입니다. 다음 날이면 다시 공허해집니다. 더 강한 자극을 원하게 되고, 점점 더 극단적인 형태를 추구하게 됩니다. 이 악순환이 깊어질수록, '나는 절대 채워지지 않아.'라는 신념이 강화되고, 중독의 형태로 고착됩니다.

일이나 성과에만 몰입하면서 정서 교류를 회피하는 사람들도 있습니다. 이들은 몰입형으로 나타나며, 일 자체가 공허함을 채우는 수단이 됩니다. 성과만으로 자신을 증명하려 하고, 가족이나 친구와의 관계는 표면적으로만 유지합니다. 일에 몰입할수록 관계는 더 멀어지고, 관계가 멀어질수록 일에 더 매달리는 악순환이 이어집니다. 정서 결핍에서 벗어나는 것의 핵심은 신체와의 재연결입니다. 감정을 마비시키기 위해 차단했던 신체 감각을 다시 느끼는 것입니다. 구체적으로는, 하루에 여러 번 멈춰 서서 '지금 내 몸은 어떤 상태인가?'를 판단 없이 느껴 보는 것부터 시작합니다. 배고픔, 피로, 온기, 긴장 같은 신체의 작은 신호들을 다시 인식하는 연습입니다. 논리적 판단보다 직관적 느낌을, 머리의 명령보다 몸의 요구를 존중하기 시작할 때, 몸의 감각이 되살아나고 감정을 느낄 수 있는 통로가 조금씩 열립니다.

▶ 자신의 시나리오 파악하기

이제 자신의 시나리오를 찾아봅시다. 관계가 끝날까 봐 불안하고 상대를 자주 확인하거나, 누군가 가까워질 때 도망치는 패턴이 있다면 버림 불안 시나리오입니다. 타인의 의도를 의심하고 누군가 당신을 속일 거라는 생각이 자주 든다면 배신 불신 시나리오입니다.

자신을 항상 피해자로 보고 세상이 불공정하다고 느껴진다면 피해자 시나리오를 살펴보세요. 자신이 무엇을 원하는지 모르고 타인의 의견에 따라 살아간다면 자기 상실 시나리오의 모습입니다. 일상이 무감각하고 강한 자극에서만 살아 있음을 느끼거나, 일에만 몰입하며 정서 교류를 피한다면 정서 결핍 시나리오입니다. 마지막으로 아무리 해도 부족하고 자신이 충분하지 않다고 느껴진다면 무가치감 시나리오입니다.

핵심 시나리오를 찾았다면, 다음은 그것이 삶에 미치는 영향력의 강도를 파악하는 것입니다. 같은 시나리오라도 사람마다 강도가 다르며, 이에 따라 변화의 접근 방식과 속도가 달라지기 때문입니다.

경미한 수준의 시나리오는 특정 관계나 상황에서만 나타

나는 패턴입니다. 특정한 사람 앞에서 불안해지거나, 스트레스 상황에서 의심이 깊어집니다. 상처를 입으면 그때 시나리오가 활성화되지만 일상적으로는 비교적 자신의 행동을 관찰하고 조절할 수 있는 상태입니다. 이 수준에서는 자신의 패턴을 의식하면 비교적 빠르게 변화할 수 있습니다.

중등 수준의 시나리오는 일상의 여러 영역에 걸쳐 반복적으로 나타나는 패턴입니다. 직장에서도, 친구 관계에서도, 가족 관계에서도 모두 같은 패턴이 드러납니다. 의식적으로 노력하지 않으면 자동으로 반응하고 그 반응이 습관처럼 굳어져 있습니다. 이 수준에서는 자신의 패턴을 인식하고 변화를 경험하는 데 시간이 좀 더 걸립니다.

심각한 수준의 시나리오는 당신의 정체성과 삶 전체를 지배하고 있는 상태입니다. 모든 결정과 관계가 그 신념을 중심으로 돌아가며 현실을 객관적으로 보기 어렵습니다. 예를 들어 버림 불안 시나리오가 심각한 수준이라면 모든 인간관계가 '나를 버릴까 봐'라는 불안을 중심으로 구성되어 있을 것입니다. 이 수준에서는 변화의 여정이 더 오래 걸릴 수 있으며 그만큼 인내와 자기 자비가 필요합니다.

자신의 시나리오가 어느 수준에 해당하는지 파악하는 것만으로도 자신을 훨씬 깊이 있게 이해하는 계기가 됩니다.

효과적인 변화를 위해서는 핵심 시나리오를 먼저 다루는 것이 좋습니다. 가장 강하게 지배하는 핵심 신념에 균열이 생기면, 그 영향 아래 있던 다른 시나리오들도 함께 변화하기 시작합니다.

▶ 변화는 어떻게 일어나는가

자신의 시나리오를 인식했다면, 변화는 어떻게 일어날까요? 가장 먼저 몸이 반응합니다. 변화를 위한 시도가 쌓이면서, 머리로는 '아직 아무것도 달라지지 않았다'고 느껴지는 순간에도, 몸은 이미 새로운 패턴을 익히고 있습니다. 버림 불안 시나리오라면 불안한 순간의 가슴 조임이 조금 덜할 수 있고, 배신 불신 시나리오라면 어깨의 긴장이 조금 풀려 있을 수 있습니다. 이러한 미세한 변화들이 첫 번째 신호입니다.

이어서 행동 패턴이 자연스럽게 변하기 시작합니다. 자동으로 반응하던 패턴에서 벗어나 멈추고 선택할 수 있게 됩니다. 불안해하는 대신 기다릴 수 있고, 의심하는 대신 상대의 말을 들을 수 있으며, 정해진 틀을 벗어나 스스로 결정할 수 있게 됩니다. 실수를 실패로 보지 않게 되고, 평범한 순간 속에서도 의미를 발견할 수 있게 됩니다. 이런 선택들이 반복될 수록 새로운 패턴이 자리 잡습니다.

관계의 질도 함께 달라집니다. 당신의 내면이 안정되면서, 상대와의 상호작용 방식 자체가 변합니다. 당신이 더 이상 끊임없는 의심으로 관계를 옥죄지 않고, 불안으로 상대를 조종하지 않으며, 통제를 통해 자신을 지키려 하지 않을 때, 상대도 편안함을 느낍니다. 방어할 필요가 줄어들고, 있는 그대로의 자신을 보여 줄 수 있게 됩니다.

결국 신념 자체가 변화합니다. 이것이 가장 깊은 변화입니다. 버림받을 것이라는 두려움은 관계가 지속될 수 있다는 믿음으로, 사람에 대한 불신은 신뢰로, 무능하다는 믿음은 선택할 수 있다는 자신감으로, 공허함은 현재의 충만함으로, 부족하다는 느낌은 있는 그대로의 수용으로 변해 갑니다.

이 모든 변화는 단순히 '알고 있는 것'의 변화가 아니라, '경험하는 것'의 변화입니다. 당신의 몸과 신경계가 새로운 안전감과 반응 패턴을 직접 체험하면서 학습하게 되는 것입니다. 이것은 시간이 걸리는 과정이며, 비선형적입니다. 때로는 앞으로 나아갔다가 다시 뒤로 물러나는 것처럼 느낄 수 있습니다. 이것은 정상입니다. 뇌가 적응하는 과정에서 일시적으로 오래된 신경회로로 되돌아가는 것이기 때문입니다. 신체의 미세한 반응, 선택 가능해진 행동, 변화된 관계, 새로운 신념, 이 모든 것이 패턴을 익히고 있다는 증거입니다.

변화의 속도는 개인차가 있습니다. 누군가는 수주 안에 신체 반응의 미세한 변화를 감지하기도 하고, 누군가는 그보다 훨씬 더 긴 시간을 필요로 합니다. 중요한 것은 변화의 속도가 아니라, 꾸준한 반복입니다. 작은 변화들이 누적되면, 스스로도 명확하게 달라진 자신을 인식하게 됩니다.

그러나 당신의 변화가 자동으로 상대를 변화시키지는 않습니다. 중요한 것은, 변화된 상호작용이 반복될 때 상대도 새로운 관계 패턴을 경험할 기회를 갖는다는 것입니다. 상대가 그 기회를 받아들이고 함께 변화한다면, 상대의 내면 시나리오도 변화할 가능성이 열립니다. 그것이 다음 세대에게 전달될 때, 세대 간 전이를 끊는 치유가 시작됩니다.

다음 4부에서는 이러한 패턴과 시나리오에서 벗어나 더 의식적인 삶으로 나아가는 실천적 방법을 탐구합니다. 무의식적 반복에서 의식적 선택으로, 과거의 포로에서 현재의 창조자로 변화하는 구체적 여정을 펼쳐 갑니다.

현상—내 삶의 드라마는 어떻게 만들어지는가?

3부 '현상'은 2부의 내면 원리가 삶이라는 '드라마'로 펼쳐지는 과정을 그립니다. 반복되는 실수와 관계의 늪 뒤에 숨은 '시나리오'의 정체를 밝히고, 역할에 매몰된 배우에서 의식적 창조자로 거듭나는 길을 안내합니다.

▶ 3부 구조 개요

장	주제	핵심 개념
1장	개인의 드라마	여섯 가지 자아 패턴
2장	관계의 드라마	반복되는 역할극의 역동
3장	삶의 드라마	여섯 가지 내면 시나리오

▶ 개인의 드라마: 여섯 가지 자아 패턴

유형	핵심 두려움	행동 특징	내면의 목소리
통제형	예측과 통제로만 안전을 확보	모든 변수를 관리하려 하며 타인의 자율성을 제한함	'내 말대로 해야 안전해.'
의존형	자신의 능력에 대한 근본적 불신	모든 결정을 타인에게 의존하고 책임을 회피함	'나 혼자서는 못 하겠어.'
회피형	갈등과 실패를 재앙으로 인식	중요한 대화와 결정을 미루며 존재를 최소화함	'굳이 지금이 아니어도 돼.'
희생자형	무력감의 학습과 고착화	모든 문제의 원인을 외부에서 찾으며 무력감에 머묾	'왜 나만 항상 이럴까.'
순응형	진짜 자신은 사랑받지 못한다는 믿음	자신의 욕구를 억압하고 타인의 기대에 맞춤	'괜찮아, 내가 맞추면 돼.'
완벽형	불완전함에 대한 극도의 두려움	작은 실수도 용납하지 않고 끊임없이 자신을 비판함	'아직 부족해, 더 잘해야 해.'

이 중 평소 가장 자주 활성화되는 패턴이 주연 자아, 특정 상황에서만 나타나는 패턴이 조연 자아입니다. 우리는 하나의 패턴에 고정되지 않고, 상황과 관계에 따라 여러 패턴을 오

갑니다. 여섯 가지 자아 패턴은 생존 전략에서 비롯된 '습관적 반응'이며, 진정한 '나'가 아닙니다. '지금 패턴이 작동 중이구나.' 알아차릴 때, 비로소 패턴과 자신을 분리하여 새로운 선택을 할 수 있습니다.

▶ 관계의 드라마: 반복되는 역할극의 역동

역동 유형	패턴 조합	작동 방식	예시
상호 강화 (보완 패턴)	서로 다른 패턴	서로의 약점을 완벽하게 채워 주며 패턴을 더욱 강화	통제형은 더 강하게 지시하고, 의존형은 더 무력해지는 악순환
권력 투쟁 (동일 패턴)	같은 패턴	자신의 그림자를 상대에게서 보고 서로를 공격하며 주도권 싸움	두 통제형이 만나 서로의 방식을 고집하며 관계가 경직됨
추격 도피 (교차 패턴)	상반된 패턴	한쪽이 다가갈수록 다른 한쪽은 멀어지는 끝없는 춤	의존형이 다가갈수록 회피형은 멀어지고, 이것이 다시 집착을 부름

개인의 자아 패턴은 서로 만나 보이지 않는 '관계의 드라마'를 형성하고, 그 안에서 우리는 정해진 역할을 반복합니다.

관계 문제의 해법은 '누구의 잘못'이 아닌 '어떤 구조'가 작동하는지 보는 데 있습니다. 이 구조적 이해가 비난을 멈추고 관계를 변화시킬 힘을 줍니다.

▶ 삶의 드라마: 여섯 가지 내면 시나리오

반복되는 개인과 관계의 드라마가 굳어져, 삶 전체를 지배하는 거대한 '시나리오'가 됩니다. 이 시나리오는 '나는 결국 ~하게 될 것이다.'라는 무의식적 예언이 되어 우리의 선택을 제한하고, 그 믿음대로 현실을 만들어 갑니다.

시나리오를 유지시키는 3가지 메커니즘

메커니즘	작동 방식
확증편향	시나리오를 증명하는 증거만 선택적으로 수집하고, 반대 증거는 무시
왜곡된 비교	타인과의 비교를 통해 자신의 부족함을 계속 확인
과거의 투사	과거 경험을 현재에 투사하여 같은 패턴을 반복

이를 통해 반복되는 6가지 삶의 시나리오

번호	유형	핵심 신념	맑은 기능 → 물든 기능
1	버림 불안 시나리오	'나는 결국 혼자다.'	• 자아 조율자 → 분열된 연기자 • 경계 설정자 → 갈등 회피자 • 현실 실행자 → 강박적 통제자
2	배신 불신 시나리오	'사람은 믿을 수 없다.'	• 순수 관찰자 → 냉담한 방관자 • 현실 실행자 → 강박적 통제자 • 경계 설정자 → 갈등 회피자
3	피해자 시나리오	'나는 항상 피해자다.'	• 순수 관찰자 → 냉담한 방관자 • 진리 탐구자 → 독단적 설교자 • 내면아이 → 상처받은 아이
4	자기 상실 시나리오	'나는 스스로 설 수 없다.'	• 통합 치유자 → 강박적 구원자 • 자아 조율자 → 분열된 연기자 • 내면아이 → 상처받은 아이
5	무가치감 시나리오	'나는 충분하지 않다.'	• 경계 설정자 → 갈등 회피자 • 현실 실행자 → 강박적 통제자 • 내면아이 → 상처받은 아이
6	정서 결핍 시나리오	'나는 채워지지 않는다.'	• 비전 창조자 → 환상의 건축가 • 원초적 생명력 → 어둠의 중독 • 몸의 목소리 → 몸의 침묵

패턴은 개인의 '습관'에서 관계의 '역동'으로, 나아가 인생의 '운명'으로 확장됩니다. 지금까지의 삶이 무의식적 반복의 결과였다면, 이제부터는 의식적 선택의 결과로 채워 갈 수 있습

니다. 운명은 주어진 것이 아니라, 매 순간 우리가 써 내려가
는 이야기입니다.

4부

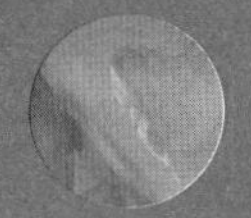

통합:

어떻게 맑은 세계를 살아갈 것인가?

1장

물들지 않는 의식
: 동일시에서 알아차림으로

아침, 거울 앞에 섭니다. 피곤이 내려앉은 얼굴, 시간이 새긴 선들, 흐트러진 머리카락이 투명한 표면에 비칩니다. 거울은 그저 있는 그대로를 비춥니다. 하지만 보는 순간, '못생겼다.', '늙었다.', '초라하다.' 등 판단의 목소리가 저절로 일어납니다. 우리는 매일 이렇게, 보면서도 온전히 보지 못하고 끊임없이 해석하고 이야기를 덧입히며 살아갑니다.

맑은 물에 잉크 한 방울이 떨어지면 물 전체가 그 색으로 변하듯, 우리의 마음도 그렇습니다. 과거의 경험, 오래된 상처, 깊이 묻힌 두려움이 지금의 시선을 흐리게 합니다. 거울 앞의 얼굴을 보며 '못생겼다'고 판단하는 것도, '아름답다'고

감탄하는 것도 모두 이미 물든 마음이 만들어 낸 것입니다.

그 물듦의 시작을 이해하려면 '나'라는 감각이 없던 때로 돌아가야 합니다. 갓난아이는 자신과 세상을 구분하지 못합니다. 엄마의 품과 자신이 하나이고, 포대기의 따뜻함과 자신이 분리되지 않습니다. 성장하면서 '나'라는 의식이 형성되고, 거울에 비친 모습을 자신으로 인식할 때 '나'와 '나 아닌 것'의 경계가 그어집니다. 이 분리는 생존에 필요했지만, 동시에 분리된 존재로서의 외로움이 시작되었습니다.

분리된 '나'는 이제 홀로 서야 하는 두려움과 마주합니다. 한때 하나였던 세계로부터 분리되어 홀로 서야 한다는 막막함. 이는 평생 우리를 따라다니며 '나는 충분하지 않다'는 내면의 목소리가 됩니다. 이 근원적 불안을 잠재우려 우리는 두 갈래의 길을 걷습니다.

하나는 분리 이전의 온전함을 되찾으려는 진실한 연결의 길입니다. 아이와의 눈 맞춤, 누군가를 도왔을 때의 충만함, 자연 속에서의 일체감 같은 순간들에서, '나'와 '너'의 경계가 잠시 사라지고 본래의 하나됨을 경험하게 합니다. 우리는 분리가 환상이었음을, 여전히 연결되어 있음을 몸으로 느낍니다.

다른 하나는 불안을 덮기 위한 끝없는 동일시의 길입니다.

‘괜찮은 사람’, ‘유능한 직원’, ‘좋은 부모’ 같은 역할 뒤에 자신을 숨깁니다. 진정한 연결보다 화려한 관계를, 깊은 만족보다 눈에 띄는 성취를 좇게 되는 이 길 위에서, 우리는 타인의 시선에 끊임없이 자신을 재조정하느라 피로해집니다.

이 모든 동일시는 생각이 지어낸 이야기이며, 피로는 그 이야기를 유지하려는 끝없는 노력에서 옵니다. 이 굴레에서 벗어나는 길은 더 많은 이야기를 쌓아 올리는 것이 아니라, 모든 이야기를 내려놓는 것입니다. 2부에서 살펴본 원신이 바로 이 물들지 않는 의식의 중심입니다. 마음이 고요해지면 본래의 맑음이 드러납니다. 이 장에서는 동일시에서 벗어나 그 맑음으로 돌아오는 길을 탐구합니다.

▶ 고요함 속으로 들어가는 길

순수한 감각으로 돌아가는 가장 가까운 길은 호흡에 있습니다. 잠든 중에도 계속되는 이 움직임은 언제나 지금 여기에 있습니다. 마음은 끊임없이 방황하지만, 호흡은 언제든 지금으로 돌아올 수 있는 가장 단순하고 강력한 닻이 됩니다.

편안히 앉아 자연스럽게 숨을 쉽니다. 호흡이 가장 선명하

　　　　　4부 통합: 어떻게 맑은 세계를 살아갈 것인가?

게 느껴지는 곳-콧구멍 입구의 온도 차이, 윗입술을 스치는 미세한 촉감-에 의식을 둡니다. 생각으로 '숨 쉬고 있구나.' 아는 것이 아니라, 그 촉감 자체가 되는 것입니다. 마음이 다른 곳으로 떠나면, 판단 없이 부드럽게 다시 촉감으로 초대합니다. 꾸준히 머물다 보면 깨닫게 됩니다. 내가 숨을 쉬는 것이 아니라, 숨은 저절로 일어나고 사라집니다. 이 순수한 감각 속에서 이야기를 짓던 마음이 고요해지고, '행위자 없는 움직임'이라는 단순한 진실이 드러납니다.

호흡으로 마음이 안정되면, 이제 그 고요함 속에서 감정을 관찰할 준비가 됩니다. 감정은 바다의 파도와 같습니다. 바람이 불면 일고, 그치면 잔잔해집니다. 바다는 언제나 바다일 뿐, 파도는 그 표면의 일시적인 현상입니다. 이제 불편한 감정이 일어나는 순간을 포착해 봅니다.

우리는 흔히 "나는 화났다"고 말하지만, 사실은 몸의 특정 부위에서 일어나는 강렬한 '감각'을 경험하는 것입니다. 가슴의 답답함, 어깨의 뭉침, 턱의 긴장감. 이 신체 감각들을 판단 없이, 그저 느껴 봅니다. 그만두고 싶은 충동이 일어나도 그 자리에 머물며, 그 감각의 크기와 모양, 온도를 탐색합니다.

이렇게 감각을 구체적으로 관찰하다 보면, 변화를 알아차리게 됩니다. 영원할 것 같던 불편함이 파도처럼 밀려왔다 멀어지고, 단단했던 것이 부드러워지며, 그 형태와 강도가 계속해서 변한다는 것을 발견하게 됩니다. 감정은 고정된 실체가 아니라, 일어나고 사라지는 에너지의 흐름입니다. 몸의 감각을 지켜보는 것에 익숙해졌다면, 이제 마음속에서 일어나는 생각이라는 '이야기'를 들어볼 차례입니다. '너무 억울해.', '왜 나만 이럴까.', '견딜 수 없어.' 같은 목소리들. 이 목소리들을 억누르거나 바꾸려 하지 말고, 그저 알아차립니다. 여기서 중요한 발견은, 그 목소리를 '듣고 있는' 당신이 있다는 사실입니다. 화난 목소리와 그것을 듣는 고요한 의식은 분리되어 있습니다. 이 알아차림의 공간, 이 미세한 거리가 바로 자유의 시작입니다. 알아차림은 어떤 감정의 파도가 오고 어떤 생각의 구름이 지나가도, 변하지 않는 하늘이자, 비추지만 물들지 않는 거울입니다.

거울은 기쁨을 담아도 기쁘지 않고, 슬픔을 담아도 슬프지 않습니다. 무엇이 오든 있는 그대로 비추고, 떠나면 흔적 없이 본래의 투명함으로 돌아갑니다. 이것이 당신의 본래 의식, 모든 경험을 비추지만 어떤 경험에도 물들지 않는 순수한 자각성입니다.

보통 우리의 거울은 먼지투성이입니다. 오래된 상처와 굳은 믿음이 거울 표면을 덮고 있어, 모든 것을 왜곡해서 비춥니다. 상처 난 곳은 가벼운 스침에도 아프듯 불안한 마음은 사소한 자극도 위협으로 받아들입니다.

수행을 통해 거울을 닦는다는 것은 무감각해지는 것이 아닙니다. 오히려 모든 것을 더 선명하게 느끼되, 그것과 동일시하지 않는 것입니다. 이 명료함은 냉정함이 아니라 진정한 공감의 토대가 됩니다. 감정과 동일시하지 않을 때, 비로소 타인을 있는 그대로 볼 수 있습니다. 그의 분노 뒤에 숨은 두려움을, 그의 자존심 뒤에 가려진 외로움을 읽어 냅니다.

여기에 이르면 관찰은 더 이상 애씀이 아닙니다. 호흡이 고요해지고 감정의 파도가 잔잔해질 때, 문득 깨닫습니다. 그토록 찾아 헤매던 것이 처음부터 바로 여기 있었음을. 자신이 바로 그 고요한 알아차림입니다.

2장

의식 확장 워크
: 흔들리지 않는 중심 만들기

우리는 삶의 대부분을 '반응'하며 살아갑니다. 타인의 무심한 말에 상처받고, 작은 실수에 자책하며, 불확실한 미래를 걱정하느라 잠들지 못합니다. 이는 생존모드에 갇힌 일상의식이 만들어 내는 익숙한 패턴입니다.

그러나 이 모든 반응 아래에는 흔들리지 않는 고요한 중심이 있습니다. 심층의식의 자동성과 일상의식의 반응성을 넘어선 곳, 그곳에 초월의식이 자리하고 있습니다. 여기서 통합모드의 평온함을 만납니다.

이 수행이 지향하는 바는 이것입니다. 불편함을 회피하지 않고 성장의 기회로 받아들이는 것. 몸을 극복 대상이 아닌

      4부 통합: 어떻게 맑은 세계를 살아갈 것인가?

내면 변화를 위한 도구로 활용하는 것. 이것이 우리가 시작할 새로운 접근입니다.

▶ 내면의 출발점

수행을 시작하기 전, 현재 당신이 서 있는 지점을 정확히 파악합니다. 지금 이 순간 마음을 무겁게 하거나 불편하게 만드는 상황이 있나요? 오늘 아침부터 지금까지 떠올랐던 걱정이나 갈등, 미루고 있는 어려운 대화나 결정들을 떠올려 봅니다.

그중에서 가장 마음을 물들이는 상황 하나를 선택하여 한 문장으로 표현합니다. '내일 상사와의 면담이 두렵다.', '어머니와의 갈등이 계속 마음에 걸린다.', '경제적 불안정이 나를 압박한다.'와 같이 구체적이고 현실적인 문장으로 만듭니다. 이것이 당신의 '마음을 물들이는 문장'입니다.

이제 그 상황을 마음속으로 떠올리면서 몸에서 일어나는 반응을 관찰합니다. 어느 부위가 긴장되나요? 가슴이 답답해지나요? 어깨가 무거워지나요? 호흡이 얕아지나요? 이때 느껴지는 감정과 자동적으로 떠오르는 생각들도 세심하게 알아차립니다.

이렇게 지금의 상태를 명확히 기억해 둡니다. 심층의식의 신체 반응, 일상의식의 감정과 생각이 복합적으로 나타나는 패턴을 잘 기억해 두면, 수행 후에 같은 상황을 떠올렸을 때 어떤 변화가 일어났는지 비교할 수 있는 중요한 참조점이 됩니다.

▶ 소리와 함께하는 깊어짐

편안한 자세로 앉거나 누워서 소리로 의식을 확장합니다. 싱잉 볼이 있다면 그것을, 없다면 자신의 목소리를 활용합니다. 이 과정은 둔해진 감각을 깨우고 미세한 변화까지 포착하는 알아차림을 훈련합니다.

싱잉 볼이 있다면 가장자리를 부드럽게 두드려 울립니다. 처음의 강하고 선명한 울림이 공간을 채우고, 진동이 몸과 마음 전체로 퍼져나갑니다. 약 30초에 걸쳐 그 울림은 서서히 작아지다가 마침내 완전한 고요 속으로 사라집니다. 소리의 시작부터 끝까지, 그 모든 변화를 알아차립니다.

싱잉 볼 대신 목소리를 사용한다면, 깊은숨을 들이쉰 후

낮은 음으로 '오오옴' 소리를 20~30초간 길게 냅니다. 열린 '오' 소리로 시작해서 점차 입을 다물며 '음' 울림으로 마무리합니다. 가슴에서 시작된 진동이 복부, 흉부, 두개골로 퍼지는 것을 느낍니다. 소리가 점차 작아지면서 사라지는 과정, 그리고 소리를 멈춘 후에도 남아 있는 미세한 떨림까지 온전히 경험합니다.

어느 방법을 선택하든, 소리가 완전히 사라진 후의 30초 동안은 고요함 속에 머무릅니다. 외부의 소리는 사라졌지만 내면에는 미세한 진동이 남아 있습니다. 그 내적 진동이나 여운을 관찰합니다. 이것을 8~10회 정도 반복하면서 점점 더 미세한 변화까지 감지할 수 있는 섬세한 인식력을 깨웁니다. 소리와 고요, 진동과 여운 사이를 자유롭게 오가며, 대상에 빠지지 않고 그것을 바라보는 순수한 관찰 의식을 깨우게 됩니다. 이것이 관찰자 분리의 핵심입니다.

▶ **주의의 자유로운 이동**

이제 의식 훈련에서 핵심 기술을 배웁니다. 주의는 고정된 것이 아니라 자유롭게 이동할 수 있습니다. 이 체험이 의식적 주의 조절의 기반이 됩니다.

먼저 발끝에 주의를 보냅니다. 단순히 발끝을 생각하는 것이 아니라, 발끝의 감각에 온전히 집중합니다. 감각이 잘 느껴지지 않는다면 발가락을 미세하게 움직여 그곳을 깨운 다음 주의를 고정합니다. 잠시 그곳에 머물다가 무릎으로 주의를 이동시킵니다. 그다음은 배, 가슴, 목, 머리 순으로 천천히 이동합니다. 각 부위로 주의를 옮길 때마다 그곳이 더 생생하게 느껴집니다.

발끝에서 머리까지 신체 전체를 거쳐 간 후, 이제 공간으로 주의를 확장합니다. 코앞 10센티미터 지점에 주의를 보냅니다. 그다음은 1미터 앞, 3미터 앞, 방 끝, 건물 밖, 하늘까지 점진적으로 확장합니다. 주의의 범위가 거리에 제한되지 않음을 발견합니다.

마지막으로 주변의 소리들을 따라 주의를 천천히 이동시킵니다. 에어컨 소리가 나는 곳에 잠시 머물고, 시계 소리가 나는 곳으로 옮기고, 밖에서 들리는 차 소리로 주의를 이동시킵니다. 시선은 정면에 고정한 채 오직 주의만으로 천천히 이동하는 연습을 합니다.

이 연습을 통해 우리는 두 가지를 발견합니다. 첫째, 주의는 나의 의도에 따라 자유롭게 이동하고 머물 수 있다는 것.

둘째, 내가 주의를 두는 곳에 따라 경험이 달라진다는 것. 이것이 의식적 주의의 힘입니다. 평소 우리의 주의는 걱정이나 문제에 자동으로 끌려갑니다. 그러나 지금 연습한 것처럼 주의를 의도적으로 이동할 수 있게 되면, 어떤 상황에서도 한 걸음 떨어져 관찰할 수 있게 됩니다.

▶ 통합모드 연단

이제 이 과정의 가장 도전적이고 중요한 단계에 이르렀습니다. 자동적 반응에서 의식적 관찰로의 전환은 단순한 인식의 변화가 아니라 실제적인 체화 과정을 필요로 합니다. 의도적으로 불편한 신체 감각을 유지하면서도 그것에 압도되지 않고 관찰하는 훈련, 이것이 '통합모드 연단'입니다.

이 수행은 인내력 훈련이 아닙니다. 불편한 감각이 일어날 때 우리의 의식이 어떻게 반응하는지 관찰하고, 자동적 반응 대신 의식적 관찰을 선택하는 능력을 기르는 과정입니다.

이 연단은 두 가지 방법으로 수행할 수 있습니다. 첫째는 누운 자세로 다리를 들어 올린 채 유지하는 것이고, 둘째는 선 자세로 정적인 균형을 유지하는 것입니다. 방법은 다르지만 목적은 같습니다. 변화하는 몸의 감각과 마음의 저항 속에서도 흔들리지 않고 지켜보는 의식을 발견하는 것입니다. 자신의 현재 상태와 선호에 따라 하나를 선택하거나, 번갈아 가며 수행할 수 있습니다.

연단에 들어가기 전, 마음속으로 분명한 의도를 세웁니다. '나는 이 과정을 끝까지 해내겠다. 몸이 아무리 힘들어도, 마음이 아무리 흔들려도, 나는 포기하지 않고 끝까지 완수하겠다.' 이 의도를 깊이 새기듯 천천히 반복합니다.

● **연단 1: 누운 자세**

바닥에 편안히 누워 두 다리를 천천히 들어 올립니다. 다리를 바닥과 90도가 되도록 수직으로 세우고, 허리는 바닥에 밀착시킨 채 그 자세를 유지합니다. 처음 시작할 때는 10분 정도를 목표로 하되, 시간보다는 그 안에서 일어나는 내면의 과정을 온전히 관찰하는 것이 더 중요합니다. 시간이 흐르면서 다리가 무거워지고 떨리기 시작합니다. 여기서부터가 핵심입니다.

몸에서는 근육이 떨리고 통증이 느껴집니다. 마음에서는 힘들다는 생각과 포기하고 싶은 감정이 올라옵니다. 그리고 이 모든 것을 지켜보는 고요한 알아차림이 있습니다. 세 개의 현상이 각기 다른 영역에서 동시에 펼쳐집니다. 떨림과 통증은 실패의 신호가 아니라 전환의 과정입니다. 고통이라는 해석과 순수한 감각 사이, 그 차이를 알아차리는 것이 중요합니다.

떨림은 떨림일 뿐, 통증은 통증일 뿐입니다. 포기하고 싶은 마음도 하나의 현상입니다. 이 모든 것을 지나가는 현상으로 바라봅니다. 경험과 하나 되지 않고 한 걸음 떨어져 있을 때, 비로소 나와 경험 사이에 공간이 생겨납니다.

● 연단 2: 선 자세

이번에는 서서 하는 연습입니다. 겉으로는 단순히 서 있는 것처럼 보이지만, 이 자세를 유지하는 동안 우리는 지속적인 긴장 속에서도 의식의 고요를 유지하는 법을 배우게 됩니다.

두 발을 어깨너비로 벌리고 평행하게 놓은 다음, 무릎을 굽혀 허벅지가 수평에 가까워지도록 자세를 낮춥니다. 무릎이 발끝을 넘지 않도록 주의합니다. 두 팔은 가슴 높이로 들어 마치 큰 나무를 껴안듯 둥글게 만들고, 척추는 곧게 세우 되 어깨와 가슴의 긴장은 풀어냅니다. 발바닥 전체로 땅을 고르게 딛고, 특히 발바닥 중앙으로 땅을 느낍니다.

이 자세의 핵심은 근육으로 억지로 버티는 것이 아니라,

골격을 바르게 정렬하여 최소한의 힘으로 유지하는 데 있습니다. 힘은 빼되 무너지지 않고, 긴장은 풀되 흐트러지지 않습니다.

뿌리 깊은 나무처럼 서 있습니다. 힘으로 버티는 것이 아니라, 땅에 닿은 뿌리처럼 자연스럽게 머무는 것입니다. 이 자세를 유지하는 동안, 힘으로 버티려는 습관에서 고요 속에 머무는 상태로 천천히 이동합니다.

▶ 호흡과 통합

연단을 마치면, 바닥에 편안히 누워 몸을 이완합니다. 고요한 자각 속에서 호흡과 함께 머무는 시간입니다.

이완된 자세에서 자신의 호흡을 관찰하되, 호흡을 조절하려 하지 않습니다. 내가 호흡하는 것이 아니라, 호흡이 스스로 일어나고 사라집니다. 이 자연스러운 리듬 속에 머뭅니다.

그저 존재하는 것만으로 충분합니다. 깊은 이완 속에서, 연단의 경험이 자연스럽게 통합되고 본래의 명료함이 서서히 드러납니다.

▶ 변화 확인하기

5~10분 머문 후 천천히 몸을 일으켜 앉습니다. 처음에 떠올렸던 그 불편한 상황을 다시 한번 마음속에 떠올려 봅니다. 어떤 이는 미묘한 변화를 감지할 수도 있고, 어떤 이는 여전히 똑같은 무게를 느낄 수도 있습니다. 변화는 즉각적이지 않습니다. 의식의 변화는 조용히, 보이지 않는 곳에서 시작되어 서서히 일상으로 퍼져 나갑니다.

변화가 있다면, 그것은 문제 자체보다 문제와의 관계에서 먼저 나타납니다. 이전에는 그 상황에 완전히 동일시되어 있었다면, 이제는 한 발짝 떨어져 바라볼 수 있게 됩니다.

변화를 감지하지 못해도 괜찮습니다. 불편함을 피하지 않고 그것과 함께 머물렀다는 것, 자동적 반응에서 의식적 관찰로 전환했다는 것만으로도 충분합니다.

이 수행의 본질이 여기에 있습니다. 문제를 서둘러 해결하려 하기보다 그것과 머무는 법을 배우는 것입니다. 이렇게 머무는 동안 문제가 지닌 무게와 힘은 서서히 약해지고, 당신 내면의 중심은 조금씩 더 깊어지고 단단해집니다. 흔들리지 않는 그 중심에서 평화가 자라납니다.

▶ 일상으로의 귀환

수행을 마치고 일상으로 돌아올 때, 우리는 중요한 선택의 기로에 섭니다. 방금 경험한 것을 특별한 순간으로 남겨 둘 수도 있고, 삶 전체를 변화시키는 시작점으로 삼을 수도 있습니다. 수행은 방석 위에서 끝나는 것이 아니라 오히려 방석을 떠나면서 시작됩니다.

일상에서 화가 치밀어 오르거나 불안이 엄습할 때, 그 순간 자동적 반응과 의식적 대응 사이에는 아주 작은 틈이 있습니다. 그 틈을 알아차리는 것, 바로 이것이 일상 수행의 핵심입니다. 꾸준한 연습은 이런 미세한 틈을 포착하는 감각을 길러 줍니다. 처음엔 미미해 보이는 이 작은 알아차림들이 쌓이면서 서서히 의식의 지형 자체를 바꾸어 갑니다.

이 과정은 무언가를 새롭게 더하는 것이 아니라 오히려 불필요한 것들을 덜어 내는 일에 가깝습니다. 자동적인 반응들, 과거의 상처가 남긴 낡은 패턴들, 미래에 대한 불안이 만든 그림자들이 하나둘 사라지면서 점차 본래의 맑음이 드러나기 시작합니다.

물들지 않는다는 것은 세상과 단절하거나 초연해지는 것이 아닙니다. 그것은 오히려 세상 한복판에 서 있으면서도 자신의 중심을 잃지 않는 일입니다. 삶은 계속 흘러가지만, 흐르는 것을 아는 자리는 흐르지 않습니다.

3장

어웨이크 플로우
: 몸으로 바꾸는 의식의 주파수

▶ **탁한 에너지에서 벗어나기**

같은 생각이 계속 맴돌고, 부정적인 감정에서 빠져나오지 못할 때가 있습니다. 이것이 탁한 에너지에 갇힌 상태입니다. 반복되는 걱정과 불안이 특정한 주파수를 만들고, 그 주파수가 비슷한 생각과 감정을 계속 끌어당깁니다. 머리로 아무리 벗어나려 해도 다시 원점으로 돌아오는 이유가 여기에 있습니다.

그러나 우리 몸의 에너지는 본래 막힘없이 흐릅니다. 막힘없이 흐를 때 의식도 맑아지고, 생명력도 충만해집니다. 그러

　　　　　4부 통합: 어떻게 맑은 세계를 살아갈 것인가?

나 순환하지 못하고 한곳에 고이면 성질이 변합니다. 고인 물이 썩듯, 욕망에 집착하거나, 걱정에 골몰하거나, 감정을 억누를 때, 이 에너지는 끈적하고 무겁게 됩니다.

마음이 가라앉거나, 불쾌한 생각이 자꾸 되돌아오는 것은 단순한 심리 현상이 아닙니다. 내면 에너지가 실제로 그런 상태에 있는 것입니다. 기운이 탁해지면 의식의 순환도 느려집니다. 흘려보내야 할 감정이 내면에 쌓이고, 맑게 깨어나야 할 정신이 흐릿한 상태에 머뭅니다.

이 탁함은 생각에만 머물지 않습니다. 어깨가 굳어 있고, 턱에 힘이 들어가 있으며, 배는 딱딱하게 굳어 있습니다. 화가 났던 순간의 긴장이 몸에 그대로 저장되어 있고, 두려웠던 기억이 가슴을 조입니다.

그래서 아무리 '긍정적으로 생각하자, 이제 괜찮아.'라고 말해도 소용이 없습니다. 몸은 여전히 과거의 긴장을 붙들고 있고, 그 긴장이 같은 감정을 다시 불러옵니다. 마치 굳은 어깨가 계속 두통을 만들어 내듯이, 몸에 남은 감정의 흔적이 같은 생각을 반복하게 만듭니다.

그렇다면 어떻게 이 흔적을 지울 수 있을까요? 움직임을 통해서입니다. 움직임과 의식 사이에는 직접적인 연결이 있습니다. 생각은 생각을 강화하지만, 움직임은 생각을 멈춥니다.

불안한 생각이 맴돌 때 계속 그 생각과 씨름하면 더 깊이 빠져듭니다. 하지만 일어나서 걷기 시작하면, 그 순간 생각의 순환이 잠시 멈추고, 몸의 감각이 깨어납니다. 의식의 채널이 바뀌는 것입니다.

생각에 빠져 있을 때 우리는 몸을 느끼지 못합니다. 하지만 무릎을 굽히고, 허리를 숙이고, 다시 일어서는 동작을 반복하면, 의식이 생각에서 감각으로 옮겨 갑니다. 발바닥의 압력, 허벅지의 긴장, 호흡의 흐름. 이런 감각들이 생각의 루프를 끊어 냅니다.

어웨이크 플로우는 이 원리에 기반합니다. 반복되는 움직임이 생각을 멈추고, 깊어지는 호흡이 신경계를 안정시키며, 땅으로 내려갔다 하늘로 일어서는 흐름이 정체된 감정을 풀어냅니다.

핵심은 반복적인 움직임이 만드는 새로운 리듬입니다. 정체된 패턴에 다른 리듬을 더하면, 고착이 느슨해지며 패턴이 서서히 해체됩니다. 전통 수행에서 같은 동작을 수백, 수천 번 반복하는 것도 이 때문입니다.

몸의 움직임과 호흡은 사고를 거치지 않고 직접 신경계에 작용합니다. 형태는 달라도 본질은 같습니다. 탁한 에너지를 흐르게 하고, 정체를 순환으로 바꾸는 것. 어웨이크 플로우

　　　　　4부 통합: 어떻게 맑은 세계를 살아갈 것인가?

는 이 오래된 지혜를 현대의 언어로 풀어낸 것입니다.

▶ 저항, 변화의 문턱

익숙한 패턴에서 벗어나려 할 때, 우리는 필연적으로 저항과 마주합니다. 저항은 대개 일상의 익숙한 감각으로 먼저 찾아옵니다. 갑자기 피로감이 몰려오고, 막연한 짜증이 올라옵니다. '오늘은 좀 피곤한데, 내일 해도 괜찮지 않을까.', '굳이 이렇게까지 해야 하나.', '지금도 충분한 것 같은데.' 머릿속에서는 그만둬야 할 그럴듯한 이유들이 떠오릅니다.

많은 이들이 이를 의지의 문제로 여기거나, 아직 준비가 되지 않았다는 신호로 받아들이고 멈춰 섭니다. 그러나 이 저항은 자연스러운 현상입니다. 멈춰 있으려는 과거의 관성과 나아가려는 새로운 의지가 부딪치며 일으키는 마찰입니다. 정지해 있던 기차가 처음 움직일 때 가장 큰 에너지가 필요한 것처럼, 삶의 궤도를 수정하는 순간에는 그 관성을 깨뜨리기 위한 응축된 힘이 필요합니다.

이 저항의 실체는 단순한 게으름이 아닙니다. 몸에 깊이 각인된 생존 본능입니다. 우리의 신경계는 익숙한 상태를 안전으로, 낯선 변화를 위협으로 인식합니다. 변화의 시도가 감지되는 순간, 귀찮음이나 불안이라는 신호를 보내 다시 익숙한 자리로 돌아가게 합니다.

그렇기에 저항은 머리로 이해한다고 사라지지 않습니다. 생각이 길어질수록 저항은 더 정교한 핑계를 만들어 냅니다. 이때 필요한 것은 생각의 저항을 뚫고 몸을 움직이는 것입니다. 하기 싫다는 마음이 일어날 때, 그 생각을 알아차리면서도 매트 위로 올라서는 것입니다.

어웨이크 플로우는 '절수련'과 요가의 '태양경배자세' 두 가지 형태로 진행됩니다. 각각 기본 30분 과정과 심화 1시간 과정이 있어 자신의 상황과 상태에 맞게 선택할 수 있습니다. 어떤 형태를 선택하든, 중요한 것은 정해진 시간에, 컨디션과 상관없이 그 약속을 지키는 것입니다. 몸은 머리가 아니라 반복으로 배웁니다. 같은 동작이 쌓이면서 새로운 패턴이 신경계에 새겨지고, 오래된 회로가 서서히 해체됩니다.

▶ 움직임을 통한 변화의 과정

수련 중 불편함이 올라오는 순간이 중요합니다. 그 불편함

   ○

을 알아차리면서도 멈추지 않고 계속 움직이는 것, 바로 그 지속이 변화를 만듭니다.

이 과정에서 호흡이 중심 역할을 합니다. 호흡은 의식과 무의식을 잇는 다리입니다. 들숨과 날숨의 리듬이 자율 신경계를 조절하며, 의식의 흐름을 바꿔 갑니다.

일정 시간이 지나면 변화의 임계점을 통과합니다. 호흡이 깊어지고 안정되면서 머리에 몰려 있던 에너지가 온몸으로 흩어집니다. 반복적 사고가 가라 앉고, 감각과 직관의 회로가 깨어납니다. 생각이 조용해지며, 꽉 붙잡고 있던 것들이 저절로 느슨해집니다.

▶ 수련의 실제

● 절수련

절방석이나 담요를 준비한 후, 그 앞에 섭니다. 발을 어깨너비로 벌리고 호흡을 가다듬습니다. 이 순간이 중요합니다. 지금 마음을 무겁게 하는 것이 무엇인지 떠올립니다. 구체적인 고민일 수도 있고, 풀리지 않는 관계일 수도 있으며, 반복되는 감정의 패턴일 수도 있습니다.

그것을 명확히 인식한 후, 마음속으로 조용히 서원합니다. '이것으로부터 자유로워지기를.' 그리고 스스로에게 질문을 던집니다. '이것으로부터 자유로워지려면 무엇이 필요할까?' 지금은 답을 찾으려 하지 않습니다. 질문을 품은 채, 이제 절을 시작합니다.

의도는 이미 심어졌습니다. 이제는 생각을 멈추고 몸에게 맡기는 시간입니다. 오직 몸의 감각에만 집중합니다. 무릎이 구부러지는 감각, 상체가 숙여지는 느낌, 호흡이 흐르는 리듬.

무릎을 꿇으며 천천히 날숨을 시작합니다. 상체가 앞으로 숙여지면서 날숨이 계속됩니다. 이마가 바닥에 닿거나 가까워질 때, 잠시 멈춥니다. 이 순간 모든 것을 내려놓는다는 느낌으로 마지막 숨을 완전히 비웁니다. 일어서며 들숨을 시작합니다. 새로운 공기와 함께 맑은 에너지가 들어온다고 상상해도 좋습니다. 이것이 한 번의 절입니다.

처음에는 이 동작이 어색하고 기계적으로 느껴집니다. 하지만 10번, 20번 반복하다 보면 몸이 리듬을 찾기 시작합니다. 호흡과 움직임이 하나가 되고, 생각이 조용해집니다. 저마다 자신에게 맞는 속도가 있습니다. 천천히 하든 조금 빠르게 하든, 몸이 찾아가는 리듬을 따릅니다.

　　　　4부 통합: 어떻게 맑은 세계를 살아갈 것인가?

● 태양경배자세

　태양경배는 다른 방식으로 움직입니다. 절이 단순한 반복과 비움 속에서 내면으로 침잠한다면, 태양경배는 열두 개의 동작이 물 흐르듯 이어지며 하늘과 땅 사이를 순환합니다. 정적인 비움 대신, 동적인 흐름 속에서 몸 전체를 깨웁니다.

　발을 모으고 섭니다. 발바닥으로 땅을 느끼고, 정수리는 하늘을 향합니다. 여기서도 의도를 세웁니다. 마음을 무겁게 하는 것을 떠올리고, 자유로워지기를 서원하며, 질문을 품습니다. 움직임이 시작되면 순수한 동작과 호흡에만 집중합니다.

　팔을 위로 올리며 깊게 들이쉽니다. 들숨과 함께 가슴이 열리고 시야가 확장됩니다. 그리고 날숨과 함께 앞으로 숙입니다. 대지를 향한 경의이자, 자신을 비우는 움직임입니다.

　여기서 손을 바닥에 대고 다리를 뒤로 뻗어 플랭크 자세로 이어집니다. 날숨으로 몸을 낮추고, 들숨으로 가슴을 들어 올립니다. 다시 날숨으로 다운독에 이릅니다. 각 자세는 독립적이면서도 하나의 물결처럼 연결됩니다. 척추가 파도처럼 움직이고, 그 움직임이 전신으로 퍼져 나갑니다. 그리고 다시 처음 자세로 돌아옵니다. 이 순환을 반복하며, 호흡과 움직임은 하나가 되고 몸과 마음이 점차 깨어납니다.

두 수련 모두 중요한 원칙이 있습니다. 귀찮거나 하기 싫더라도 시작하고, 불편함이 올라와도 멈추지 않는 것입니다. 몸이 굳어 있다면 할 수 있는 만큼만, 자신의 유연성에 맞게 동작의 깊이를 조절하면 됩니다.

절수련은 하강과 상승의 반복을 통해 수직적 에너지 이동을 만듭니다. 머리에서 땅으로, 다시 땅에서 머리로 이어지는 흐름 속에서 정체된 에너지가 배출됩니다. 몸을 낮추는 행위 자체가 내려놓음이 되고, 이것이 깊은 정화를 가져옵니다.

태양경배는 척추를 중심으로 한 파도형 움직임입니다. 전굴과 후굴이 리듬감 있게 이어지면서 척추의 각 마디가 순차적으로 움직입니다. 태양을 향한 확장과 대지를 향한 수축이 반복되면서 정체된 에너지가 활성화됩니다. 이 연속적인 흐름이 전신의 순환을 촉진하고, 특히 무기력하거나 우울한 상태에서 활력을 되찾는데 효과적입니다.

수련이 끝난 후의 고요함이 또 다른 변화의 시간입니다. 몸이 쉴 때, 비로소 움직임이 만든 파장이 존재 깊숙이 전해집니다. 억눌렸던 감정이 수면 위로 떠오르기도 하고, 오랫동안 얽혀 있던 생각의 매듭이 느슨해지기도 합니다. 판단하지 않고 그저 지켜보는 동안, 의식은 스스로 정돈되며 새로운 균형을 찾아갑니다.

▶ 수행 중 느껴지는 감각의 의미

어웨이크 플로우를 하다 보면 몸에서 다양한 감각이 느껴집니다. 그 감각이 무엇을 뜻하는지 알아 두면 수련에 도움이 됩니다.

따뜻하면서도 촉촉하고, 왠지 모르게 생기가 도는 느낌이라면 좋은 신호입니다. 몸의 에너지가 충만해지고 있는 것입니다. 이때 입안에 맑은 침이 고이기도 합니다. 이 감각이 느껴지면 그대로 수련을 이어 가면 됩니다.

몸이 무겁고 차갑고 축축한 느낌이 들 때도 있습니다. 에너지가 순환하지 못하고 막혀 있는 것입니다. 소화가 잘 안 되거나 걱정이 많을 때 주로 나타납니다. 이럴 때는 가만히 있기보다 움직임의 강도를 조금 높여 기운을 북돋아 줍니다. 절수련이라면 조금 더 힘차게, 태양경배라면 동작을 더 크게 가져갑니다.

머리가 멍하고 정신이 맑지 않다면, 몸 안의 노폐물이 기운의 통로를 막고 있는 것입니다. 수련 전후로 식사를 가볍게 하고, 날숨을 특히 길게 가져가면 탁한 기운을 내보내는 데 도움이 됩니다.

수련 중에 갑자기 감정이 올라오기도 합니다. 울컥하거나, 분노가 치밀거나, 답답함이 밀려온다면, 막혀 있던 에너지가 풀리면서 그 안에 갇혀 있던 감정이 표면으로 떠오르는 것입니다. 억누르지 말고 그대로 흐르게 두세요. 지나가면 한결 가벼워집니다.

수련이 깊어지면 몸이 가벼워지고 머리가 맑아지는 것을 느낍니다. 이것이 에너지가 순환하고 있다는 신호입니다. 처음에는 아무 감각도 느껴지지 않을 수 있습니다. 오랫동안 몸의 신호를 무시해 왔다면 자연스러운 일입니다. 계속 수련하면 감각이 서서히 열립니다. 느끼지 못한다고 효과가 없는 것은 아닙니다. 어떤 감각이든 좋다 나쁘다 판단하지 않습니다. 알아차리고, 적절히 대응하면 됩니다. 감각은 몸이 보내는 신호입니다.

▶ 일상으로 이어지는 변화

어웨이크 플로우의 효과는 일상에서 드러납니다. 스트레스 상황에서 호흡이 저절로 깊어지고, 감정에 휩쓸리기 전에 잠시 멈출 수 있게 됩니다.

무거움이 느껴질 때마다 몸을 움직이는 습관이 생깁니다. 짧은 걷기나 가벼운 스트레칭만으로도 정체를 흐름으로 바꿀 수 있습니다. 머리로만 해결하려던 문제들을 몸의 지혜로 풀어내는 새로운 길을 발견하게 됩니다.

매일 같은 시간에 수련하면 몸이 먼저 준비하고 기다립니다. 어웨이크 플로우는 움직임 속에서 고요를 만나는 길입니다.

4장

내면 통합 프로세스
: 상처에서 지혜로

중요한 회의에서 비판을 받는 순간, 사랑하는 사람과 갈등이 생기는 순간, 예상치 못한 거절을 당하는 순간. 이런 도전 앞에서 당신은 빠르게 생존모드로 전환되고, 몸이 먼저 신호를 보냅니다. 심박수가 빨라지고 호흡이 얕아지며 어깨에 긴장이 올라옵니다. 가슴이 조여 오고, 얼굴이 화끈거리며, 손이 차가워지거나 떨립니다.

신체 감각 다음으로 오는 것은 감정의 물결입니다. 분노는 빠르고 뜨겁게 치솟고, 두려움은 차갑고 무겁게 가라앉습니다. 중요한 것은 이런 감정을 억압하거나 부정하지 않고 인정하는 것입니다. '아, 지금 화가 나고 있구나.'라고 알아차리는 순간, 당신은 감정 '속에' 있는 것이 아니라 감정을 '보고 있는' 상태가 됩니다. 이 미묘한 차이가 변화의 시작점입니다.

감정 다음에는 특징적인 사고 패턴이 따라옵니다. '항상', '절대', '모든 사람이', '아무도' 같은 극단적 표현이 떠오른다면, 그것이 생존모드가 작동하고 있다는 신호입니다. 이런 신호들을 포착했을 때 가장 먼저 돌아갈 곳은 호흡입니다. 호흡은 자율신경계로 들어가는 문입니다. 천천히, 고르게 호흡하세요. 이 단순한 조절만으로 몸은 본래의 안정을 되찾습니다.

▶ 내면 통합 프로세스의 원리

내면 통합의 원리는 단순합니다. 억압하지도 방종하지도 않고, 있는 그대로 알아차리는 것. 감정과 함께 있되 동일시하지 않는 것. 하지만 이 원리를 실천하는 과정은 결코 단순하지 않습니다.

가장 먼저 만나는 것은 저항입니다. 오랫동안 우리를 보호해 온 방어기제가 작동하기 시작합니다. 과거의 위협을 기억한 몸은 유사한 상황에서 경계 신호를 보냅니다. 이것은 생존을 위한 자연스러운 반응이지만, 동시에 우리가 만나야 할 첫 번째 관문이기도 합니다.

저항은 여러 얼굴로 우리를 찾아옵니다. 어떤 때는 '내 잘 못이 아니야.'라며 합리화의 가면을 쓰고, 어떤 때는 갑작스레 청소에 몰두하는 분주함으로 모습을 바꿉니다. '저 사람 때문 이야.'라며 남을 탓하는 목소리로 속삭이거나, 원인 모를 두통 이나 소화불량 같은 몸의 신호로 나타나기도 합니다. 때로는 감정을 느끼는 대신, 끝없이 분석하며 머릿속에 숨어 버리기 도 합니다.

중요한 것은 이런 저항과 싸우지 않는 것입니다. 저항도 우 리를 보호하려는 반응이기 때문입니다. 판단 없이 그저 관찰 하며 '무엇으로부터 나를 지키려는 거니?'라고 담담히 물어보 세요. 이 질문이 대립을 대화로 바꿉니다. 저항을 오래된 보 호자로 만나는 순간, 변화가 시작됩니다.

저항의 막이 걷히면, 그 아래에는 초기 경험에서 형성된 더 깊고 아픈 상처들이 있습니다. 너무 오래되어 직접 보기 어려 울 때는 신체 감각을 따라가거나 떠오르는 이미지를 관찰하 는 등 우회적으로 접근해야 합니다. 급하지 않게, 그러나 꾸 준하게 다가가면 그 상처를 만날 수 있습니다.

이 과정에서 '괜찮아.'라는 위로와 '또 망쳤구나.'라는 비난처럼 내면의 여러 목소리를 듣게 될 것입니다. 통합이란 한쪽을 선택하는 것이 아니라, 모든 목소리를 들으면서 고요히 머무는 것입니다.

이렇게 알아차리고 받아들이기를 반복하면, 단단했던 패턴에 균열이 생기고 새로운 반응 방식이 자리 잡습니다.

▶ 내면 통합을 위한 준비

깊은 감정 작업을 시작하기 전에, 먼저 안전한 환경을 만드는 것이 중요합니다. 극심한 트라우마나 학대, 깊은 상처가 있다면 혼자서 다루려 하지 마세요. 이런 경우는 전문가의 도움을 받는 것이 안전합니다.

내면통합 프로세스를 할 때는 충분한 시간과 사적인 공간을 확보하세요. 최소 30분에서 1시간 정도 방해받지 않을 시간, 편안하게 앉거나 누울 수 있는 조용한 장소면 됩니다. 휴대폰은 무음으로 해 둡니다. 무엇보다 중요한 것은 '언제든 쉴 수 있다'는 마음가짐입니다. 이것은 도전이 아니라 자신을 돌보는 과정입니다. 감정이 너무 크다면 언제든 멈추고 호흡으로 돌아올 수 있습니다.

▶ 내면 통합 프로세스의 여섯 단계

내면 통합 프로세스는 단순히 감정을 달래는 것이 아닙니다. 오랫동안 억압하고 외면했던 내면의 상처를 직면하고, 그 상처가 품고 있던 생명력을 되찾는 과정입니다. 우리가 '문제'라고 여겼던 감정 속에 사실은 충족되지 못한 욕구가 있었음을 발견하고, 마침내 그 상처를 성장의 자원으로 바꾸어 갑니다. 다음의 여섯 단계는 엄격한 매뉴얼이 아니라, 자연스럽게 펼쳐지는 과정입니다.

● 첫 번째 단계: 관찰—알아차림의 자리로 이동

감정의 격랑이 일어날 때, 첫걸음은 관찰자의 자리로 이동하는 것입니다. 편안한 자세로 머물며 호흡을 따라갑니다. 들숨과 날숨의 흐름 속에서 의식은 자연스럽게 닻을 내립니다.

관찰한다는 것은 감정을 억누르거나 외면하는 것과는 다릅니다. 그것은 감정과 함께 있으면서도 그것에 휩쓸리지 않는 미묘한 균형입니다. "화가 난다."라고 말할 때, 우리는 감정과 깊이 동일시되어 있습니다. 하지만 '내 안에 화가 있구나.'라고 알아차릴 때, 작은 공간이 생깁니다.

이 관찰의 능력은 우리 안에 원래부터 있던 것입니다. 어린

 4부 통합: 어떻게 맑은 세계를 살아갈 것인가?

아이가 울다가도 거울에 비친 '울고 있는 자신'의 모습에 호기
심을 느끼며 잠시 울음을 잊는 순간처럼, 우리 안에는 느끼
는 나와 그것을 지켜보는 의식이 동시에 존재합니다. 감정이
아무리 강렬해도 그것을 지켜보는 의식 자체는 영향받지 않
습니다.

처음에는 감정에 휩쓸릴 수 있습니다. 괜찮습니다. 다시 호
흡으로 돌아오면 됩니다. 호흡은 의식과 몸을 잇는 다리입니
다. 의도적으로 조절할 수 있으면서도 저절로 일어나는 기능
이기에, 들숨과 날숨의 단순한 리듬만으로도 우리를 현재로,
관찰의 자리로 데려다줍니다.

● 두 번째 단계: 수용—감정에게 자리를 내어 주기

불편한 감정이 올 때 우리의 첫 반응은 밀어내는 것입니다.
'이런 감정은 느끼면 안 돼.', '빨리 극복해야 해.' 하지만 저항
할수록 몸은 더 긴장하고, 감정은 더 깊은 곳으로 가라 앉습
니다.

수용은 체념이나 포기가 아닙니다. 그것은 지금 이 순간 일
어나고 있는 것을 있는 그대로 인정하는 용기입니다. 가슴에
손을 얹고 조용히 말합니다. '내 안에 불안이 있구나. 있어도
괜찮아.' 이 단순한 인정에서 변화가 시작됩니다.

울고 있는 아이에게 "울지 마."라고 하면 울음은 멈추지 않습니다. 하지만 "그래, 울어도 괜찮아."라고 하면 오히려 진정됩니다. 우리 내면의 감정도 마찬가지입니다. 존재를 인정받을 때 비로소 감정은 자신의 메시지를 전하고, 막혔던 기운은 다시 흐르기 시작합니다. 응어리진 에너지는 생명력으로 전환되어 삶을 움직이는 힘이 됩니다.

이 수용의 순간, 몸에서도 변화가 일어납니다. 긴장했던 근육이 이완되고, 얕았던 호흡이 깊어지며, 빨랐던 심박이 안정됩니다. 오랫동안 유지해 온 방어막에 작은 틈이 생기고, 그 틈 사이로 숨겨진 믿음들이 모습을 드러냅니다.

● 세 번째 단계: 경청—감정의 목소리를 듣기

안전한 공간이 만들어지면, 감정이 하고 싶은 말을 듣습니다. 감정을 분석하는 것이 아닙니다. 소중한 사람의 이야기를 듣듯, 판단 없이, 평가 없이, 설득 없이, 그저 온전히 듣는 것입니다.

'무슨 말을 하고 싶니?' 이 부드러운 물음에 감정은 자신의 이야기를 시작합니다. 때로는 극단적이고 비합리적으로 들릴 수 있습니다. '아무도 나를 이해하지 못해.', '난 계속 혼자일 거야.' 하지만 이것은 상처받은 부분이 오랫동안 혼자 품고 있

　　　4부 통합: 어떻게 맑은 세계를 살아갈 것인가?

던 이야기입니다. 끝까지 들어 주는 것만으로도 치유가 시작됩니다.

감정은 말로만 오지 않습니다. 이미지로 찾아오기도 하고, 신체 감각으로 나타나기도 합니다. 가슴이 무거운 돌덩이처럼 느껴지거나, 목이 꽉 막힌 것 같거나, 어둠 속에 혼자 있는 이미지가 떠오를 수 있습니다. 작은 방에 갇혀 있는 느낌, 깊은 바다에 가라앉는 감각. 이것들도 모두 감정의 언어입니다.

몸은 마음이 잊은 것을 기억합니다. 그래서 신체 감각을 통해 오는 메시지는 때로 더 정확하고 깊습니다. 이 모든 형태의 메시지를 존중하며 들을 때, 우리는 자신의 내면과 깊은 대화를 시작하게 됩니다.

● 네 번째 단계: 탐구—시간을 거슬러 올라가기

감정이 충분히 표현되면, 이제 그 뿌리를 찾아 더 깊이 들어갑니다. '이 감정을 가장 강하게 느낀 때는 언제였을까?', '그보다 더 이전의 기억은?', '이 감정의 씨앗은 언제 심어졌을까?' 질문을 따라 천천히 시간을 거슬러 올라가다 보면, 현재의 작은 사건이 왜 이토록 큰 감정을 불러일으키는지 이해되기 시작합니다. 상사의 무심한 한마디가 어린 시절 인정받지 못했던 상처를 건드렸을 수 있습니다. 친구의 약속 취소가 버림받았던 기억을 깨웠을 수 있습니다. 현재는 과거의 메아리입니다.

하지만 과거를 찾는 것은 누군가를 탓하기 위해서가 아닙니다. 그것은 현재의 고통이 어디서 왔는지 이해하고, 과거와 현재를 분리하기 위해서입니다. '그때는 그때였고, 지금은 지금이다.' 이 구분이 명확해질 때, 과거의 그림자에서 벗어나 현재를 새롭게 볼 수 있습니다.

구체적인 기억이 떠오르지 않아도 괜찮습니다. 때로는 막연한 느낌만 있을 수 있습니다. '작고 무력한 느낌', '혼자 남겨진 느낌', '충분하지 않다는 느낌', 이런 느낌들도 소중한 단서입니다. 우리의 가장 깊은 상처는 언어 이전 시기에 형성되기 때문입니다.

● 다섯 번째 단계: 발견—진짜 욕구 찾기

이제 표면적인 감정 아래 숨어 있던 진짜 욕구를 발견할 차례입니다. 과거의 순간, 상처받은 그때, 당신이 정말로 원했던 것은 무엇이었을까요? 분노 아래에는 인정받고 싶은 갈망이, 슬픔 아래에는 연결되고 싶은 욕구가, 두려움 아래에는 안전하고 싶은 욕구가 있습니다. 이 욕구들은 단순하고 보편적입니다.

‘그냥 있는 그대로 사랑받고 싶었어.’
‘내가 충분하다고, 잘하고 있다고 말해 주길 바랐어.’
‘이 세상이 안전한 곳이라고 느끼고 싶었어.’

이 욕구들은 인간이 지닌 자연스럽고 건강한 것입니다. 아기가 젖을 찾는 것처럼, 식물이 햇빛을 향하는 것처럼 당연한 것들입니다. 문제는 이 욕구 자체가 아니라, 그것이 적절한 시기에 적절한 방식으로 충족되지 못했다는 것입니다.

이제 성인이 된 우리는 그 욕구를 건강한 방식으로 충족시킬 힘이 있습니다. 더 이상 그때의 무력한 아이가 아닙니다. 우리는 스스로에게 필요한 것을 줄 수 있고, 건강한 관계 속에서 그것을 나눌 수 있습니다.

● 여섯 번째 단계: 통합—현재와 과거의 만남

마침내 현재의 당신이 과거의 상처받은 자신을 만나는 순간입니다. 마음의 눈으로, 혹은 상상 속에서, 그 어린 자신을 봅니다. 화가 나 있거나, 울고 있거나, 움츠러들어 있는 모습을. 이제 현재의 성숙한 당신이 천천히 그에게 다가갑니다. 따뜻하게 안아 주며 그가 그토록 듣고 싶어 했던 말을 전합니다.

'너는 있는 그대로 충분해.'

'그때 정말 무서웠겠다. 이제는 내가 너를 지켜 줄게.'

'네 잘못이 아니야.'

'네가 느끼는 모든 감정은 소중해. 화나는 것도, 슬픈 것도 다 괜찮아.'

처음에는 이 말들이 공허하게 느껴질 수 있습니다. 오랫동안 반대의 메시지를 들어왔기 때문입니다. 하지만 포기하지 마세요. 물방울이 바위를 뚫듯, 반복되는 따뜻한 말은 서서히 내면의 단단한 벽을 녹입니다. 오랜 긴장이 풀리며 눈물이 흐를 수 있습니다. 가슴 깊은 곳에서 따뜻함이 퍼져 나올 수 있습니다. 이것은 오랫동안 얼어 있던 감정이 녹는 순간입니다.

더 나아가 현재의 지혜로 과거를 재해석할 수 있게 됩니다. 부모도 그들 나름의 상처와 한계 속에서 최선을 다했음을 이해하게 됩니다. 그 상황이 당신의 잘못이 아니었음을 진정으로 받아들이게 됩니다. 오래된 상처의 독이 빠지고, 그 자리에 이해와 연민이 자라납니다. 상처가 지혜로 바뀌는 연금술입니다.

   4부 통합: 어떻게 맑은 세계를 살아갈 것인가?

▶ 일상에서의 실천: 같은 상황, 다른 깊이

내면 통합 프로세스는 꾸준한 반복을 통해 조금씩 깊어지는 여정입니다. 이러한 내면의 과정은 각자의 삶 속에서 저마다의 모습으로 펼쳐집니다. 같은 상황을 마주하더라도, 얼마나 깊이 자신을 들여다보았는가에 따라 감정을 정화하고 에너지로 전환하는 깊이가 달라집니다. 세 가지 풍경을 통해 그 변화를 살펴보겠습니다.

● 알아차림의 시작

여정의 시작은 감정에 휩쓸리던 자신을 잠시 멈춰 바라보는 데서 비롯됩니다. 한 20대 디자이너가 있습니다. 그는 상사로부터 "이건 너무 평범한데? 좀 더 임팩트 있게 다시 해 봐."라는 피드백을 듣습니다. "평범하다"는 말이 귓가에 맴돕니다. '내 작업이 또 평범하다는 건가. 이번엔 괜찮다고 생각했는데……' 가슴이 조여 오고, 의식은 천천히 수치심 속으로 가라앉습니다.

예전 같았으면 그 무게에 눌려 며칠을 보냈을 것입니다. 하지만 이제는 그 상태를 희미하게나마 인식할 수 있습니다. 그는 잠시 자리를 피해 화장실로 향합니다. 거울 앞에서 빠르게 뛰는 심장과 함께 뒤섞인 감정을 마주합니다. 자책과 부끄러움이 교차합니다.

그는 이 불편한 감정들을 떨쳐 내려 애쓰는 대신, 잠시 그 느낌과 함께 머물러 봅니다. 그것은 자신에게 일어나는 경험을 있는 그대로 허락하는 순간입니다. 이 희미한 알아차림과 잠시의 머무름만으로도, 감정의 무게는 여전하지만 그와 감정 사이에 작은 틈이 생깁니다.

회의실로 돌아온 그는 "죄송합니다. 다시 작업해 보겠습니다."라고 말합니다. 그런데 그 말이 입 밖으로 나온 후, 문득 한 가지 질문이 떠오릅니다. 잠시 망설이다가 그는 덧붙입니다. "어떤 부분을 특히 보완하면 좋을까요?" 여전히 가슴은 불편하지만, 감정에 완전히 삼켜지지는 않았습니다.

이런 서툰 순간들이 쌓이면서, 감정은 조금씩 다른 모습으로 다가오기 시작합니다. 더 이상 무조건 피해야 할 대상이 아니라, 마주 앉아 함께 있을 수 있는 상대로 천천히 변해 갑니다. 감정과의 낯선 동행이 시작되고, 그 관계가 깊어지면서 비로소 감정의 오랜 역사를 들여다볼 용기를 갖게 됩니다.

    4부 통합: 어떻게 맑은 세계를 살아갈 것인가?

● 수용이 여는 동행

한 30대 프리랜서 개발자의 사례입니다. 그는 자신에게 자주 찾아오는 불안을 '파도'라 부르기로 했습니다. 익숙한 불안감이 밀려오면, 이제는 '아, 파도가 왔구나.' 하고 담담히 알아차립니다. 그는 불안의 목소리 너머, 자신을 보호하려는 오랜 습관의 의도를 봅니다. 마음속으로 짧은 인사를 건넵니다. '왔구나. 애쓰고 있네.' 그 의도를 알아주는 것만으로도 불안의 힘은 누그러지고, 그는 더 이상 감정에 휩쓸리지 않습니다.

물론 이 여정이 순탄하기만 한 것은 아닙니다. 한번은 중요한 프로젝트가 갑자기 취소되었을 때, 그동안의 실천이 무색하게 느껴질 만큼 거센 파도에 휩쓸려 일주일간 잠을 이루지 못했습니다. '결국 달라진 게 없잖아.' 익숙한 자책이 찾아왔습니다.

하지만 일주일쯤 지나 파도가 잠잠해졌을 때, 그는 문득 차이를 발견했습니다. 예전 같았으면 한 달은 지속되었을 무력감에서 훨씬 빨리 빠져나온 것입니다. 그는 알게 되었습니다. 잠시 뒷걸음질 친 것처럼 보였던 이 시간조차 성장의 나선 위에서 겪는 자연스러운 과정이었습니다.

● 통합이 여는 자유

한 30대 후반 대학원생의 이야기입니다. 지도교수에게서 "지금 몇 년째인데 아직도 논문의 핵심을 못 잡나? 도대체 뭘 말하고 싶은 건지 하나도 모르겠어."라는 말을 듣습니다. 예전 같았으면 이 한마디에 감정 속으로 깊이 빠져들었을 것입니다. 하지만 이제는 다릅니다. 그는 여러 감정이 동시에 일어나는 것을 느끼면서도, 그것들에 휩쓸리지 않습니다.

가장 먼저 반응하는 것은 '경계하는 파수꾼'입니다. 비판의 말이 들려오는 순간, 파수꾼은 경계 태세를 갖춥니다. '이건 공격이야. 반박해야 해. 저 말을 인정하면 내가 무능한 게 증명되는 거잖아.' 그는 이 반응이 단순한 저항이 아니라, 깊은 곳의 연약한 무언가를 보호하려는 방어임을 알아차립니다.

그는 파수꾼의 경고 너머, 파수꾼이 그토록 지키려 했던 존재를 봅니다. 바로 내면 가장 깊은 곳에서 울고 있는 '상처 입은 아이'입니다. 아이는 작은 목소리로 속삭입니다. '결국 나는 안 되는구나. 역시 나는 부족한 사람이야.' 그는 깨닫습니다. 교수의 날카로운 말이 '상처 입은 아이'의 오랜 아픔을 건드렸고, '경계하는 파수꾼'은 그 아이를 보호하기 위해 방패를 높이 들고 있었음을.

그는 먼저 파수꾼을 향해 조용히 말합니다. '알아. 우리를

   ○

지키려고 애쓰고 있구나. 고맙다.' 파수꾼의 경계가 조금 누그러집니다. 그리고 그는 상처 입은 아이에게 다가가 손을 내밉니다. '괜찮아. 저 말이 너의 가치를 정하는 건 아니야. 내가 여기 있잖아.'

이 모든 내면의 조율이 불과 몇 분 사이에 일어납니다. 그는 깊게 숨을 들이쉬고, 교수에게 차분하지만 단단한 목소리로 말합니다. "피드백 감사합니다. 교수님 지적이 맞습니다. 제가 논문의 방향을 잃고 헤맸던 것 같습니다. 핵심을 다시 잡기 위해, 다음 주까지 목차와 서론을 수정해서 다시 가져와도 괜찮을까요?"

이제 그에게 감정은 극복해야 할 장애물이 아닙니다. 그것들은 저마다의 이유를 가진 내면의 목소리들입니다. 여러 목소리가 공존하면서도, 그 중심에 고요히 알아차리며 조율하는 의식이 있습니다. 이것이 통합입니다.

▶ 고요한 일상의 혁명

내면 통합은 특별한 사건이나 강렬한 감정의 순간에만 일어나는 것이 아닙니다. 오히려 진정한 변화는 눈에 띄지 않는 일상의 작은 틈새에서 조용히 자라납니다.

아침 거울 앞에서 자신의 모습을 보며 스치는 작은 비판의 목소리, 엘리베이터에서 이웃과 마주칠 때의 알 수 없는 긴장, 점심 메뉴를 정하지 못해 서성이는 자신을 발견할 때 스치는 짜증. 이런 사소해 보이는 순간들이 사실은 우리 내면의 깊은 패턴을 드러내는 창입니다. 선택 앞에서의 망설임은 단순한 우유부단이 아니라 실수에 대한 두려움일 수 있고, 타인과의 짧은 마주침에서 느끼는 어색함은 연결에 대한 갈망과 거절에 대한 공포가 함께 작동하는 순간일 수 있습니다.

이런 일상의 미세한 파문들을 알아차리는 것. 그것이 때로는 극적인 통찰보다 더 깊은 변화를 만듭니다. 이런 알아차림이 하나둘 쌓이며, 어느 순간 우리는 전혀 다른 방식으로 살아가고 있는 자신을 발견하게 됩니다.

▶ 상처에서 지혜로

내면 통합 프로세스를 꾸준히 실천하면, 삶에 실질적인 변화들이 나타납니다. 가장 먼저 눈에 띄는 것은 감정의 지속 시간이 줄어든다는 것입니다. 며칠씩 지속되던 감정의 폭풍

　　　　4부 통합: 어떻게 맑은 세계를 살아갈 것인가?

이 점차 짧아집니다. 몇 시간, 그리고 몇 분으로. 감정의 파도
가 왔다가 가는 것을 지켜보는 능력이 생깁니다.

같은 상황에서도 다른 선택을 할 수 있게 됩니다. 비판을
받으면 방어적이 되던 사람이 이제는 잠시 멈추고 '아, 지금
내 안의 상처받은 부분이 반응하고 있구나.'라고 알아차립니
다. 그리고 호흡을 고르는 시간을 가진 후, 성숙한 반응을 선
택할 수 있게 됩니다.

자신에 대한 태도도 점차 변화합니다. 자신의 실수나 부족
함을 엄하게 비판하던 시선이 부드러워집니다. 그때의 자신도
최선을 다했다는 것을 인정하고, 불완전함을 받아들일 수 있
게 됩니다. 이런 자기 자비는 나약함이 아니라, 회복력의 토대
가 됩니다. 자신에게 친절한 사람은 실패 속에서도 회복하고,
다시 앞으로 나아갈 수 있습니다.

더 나아가 타인을 바라보는 시선도 달라집니다. 다른 사람
의 짜증이나 공격성을 개인적으로 받아들이지 않고, 그 이면
의 상처를 볼 수 있게 됩니다. 자신의 상처를 만나고 치유한
경험이 있기에, 타인의 고통도 구체적으로 이해할 수 있습니
다. 연민의 범위가 자신을 넘어 타인에게까지 자연스럽게 확
장됩니다.

내면 통합 프로세스가 주는 가장 큰 선물은 감정을 적이

아닌 메신저로, 고통을 문제가 아닌 성장의 자양분으로 바라보는 눈이 열린다는 것입니다. 자동 반응을 알아차리는 순간, 새로운 선택이 가능해집니다. 억지로 바꾸려 하면 저항만 강해지지만, 있는 그대로를 인정하고 관찰하면 자연스러운 정화와 통합이 일어납니다.

이 과정은 한 번의 극적인 경험으로 끝나지 않습니다. 감정의 격랑이 일어날 때마다 반복하는 수련입니다. 하지만 매번 조금씩 더 자유로워지고, 조금씩 더 온전해집니다. 같은 상처를 마주해도 당신의 의식은 더 넓어져 있습니다. 이제 그토록 도망쳐 온 어둠이 통과해야 할 문이 됩니다.

삶을 살면서 고통을 만나는 것은 피할 수 없습니다. 그러나 당신은 더이상 고통에 갇히지 않습니다. 이것이 내면 통합 프로세스가 주는 자유입니다.

   4부 통합: 어떻게 맑은 세계를 살아갈 것인가?

5장

내면의 지혜
: 고요 속에서 만나는 안내자

치유된 공간에는 예상치 못한 고요가 찾아옵니다. 이 고요는 끝이 아니라 새로운 시작입니다. 감정의 소음이 잦아들면서 비로소 들리기 시작하는 더 깊은 목소리가 있습니다. 그 지혜의 목소리는 당신의 내면, 가장 깊은 곳에 늘 있었습니다. 다만 상처의 아픔과 생존의 두려움이 너무 크게 울려서 들리지 않았을 뿐입니다. 마음의 소란이 가라앉으면, 본성에서 흘러나오는 고요한 앎이 수면 위로 떠오릅니다. 이것은 새로 얻는 것이 아니라, 가려져 있던 앎이 드러나는 것입니다.

사실 지혜는 늘 신호를 보내고 있었습니다. 처음 만난 사람에게 묘하게 불편한 느낌이 들었고 그 감각이 맞았던 경험, 특별한 이유 없이 다른 길로 가고 싶었는데 평소 다니던 길에 그날 사고가 있었던 경험. 이 모든 것이 우리 안의 본래적 앎이 작동하는 증거입니다.

이제 수동적으로 신호를 기다리는 것을 넘어, 능동적으로 내면의 지혜와 대화를 시작할 때입니다. 이를 위한 두 가지 길이 있습니다. 하나는 의식의 검열을 우회하여 무의식이 직접 말하게 하는 '자동 글쓰기', 다른 하나는 의식적으로 무의식과 대화를 나누는 '능동적 상상'입니다. 자신에게 맞는 방법을 선택해 실천해보세요.

다만 오래된 상처가 지혜의 목소리를 흉내 낼 때가 있습니다. 아직 치유되지 않은 상처가 남아 있다면 깊은 탐구는 때를 기다려야 합니다. 감정이 충분히 정화되었을 때 내면의 문은 자연스럽게 열립니다.

▶ 자동 글쓰기의 원리와 실천

자동 글쓰기는 의식의 검열을 우회하는 수행법입니다. 우리의 이성은 끊임없이 판단하고 분석하며 검열합니다. '이건 말이 안 돼.', '이렇게 생각하면 안 돼.', '논리적이지 않아.' 이런 검열이 때로는 더 깊은 앎을 차단합니다.

자동 글쓰기가 작동하는 원리는 역설적입니다. 의식이 단순한 쓰기 동작에 몰두하는 동안, 무의식은 검열 없이 스스로를 드러냅니다. 그 사이 평소 닿지 못했던 더 깊은 층위가 표면으로 떠오릅니다. 통제가 느슨해지는 바로 그 지점에, 더 깊은 앎으로 가는 문이 있습니다.

이 방법이 특히 효과적인 때가 있습니다. 무언가에 막혀 있을 때, 같은 생각이 맴돌며 출구를 찾지 못할 때, 말로는 표현하기 어려운 모호한 느낌이 있을 때, 자신의 진짜 마음을 모르겠을 때, 머리로는 알겠는데 가슴으로 납득이 안 될 때, 이럴 때 자동 글쓰기는 꼬인 실타래를 푸는 실마리가 됩니다.

준비는 간단합니다. 먼저 글쓰기 도구를 선택하세요. 손 글씨든 키보드든 당신에게 더 편안한 것을 선택합니다. 중요한 것은 도구가 아니라 처음부터 끝까지 수정 없이 써 내려가는 것입니다.

페이지 상단에 내면에게 묻고 싶은 질문 하나를 적어 두세요. 결정 앞에서는 두려움에 대해, 관계에서는 회피하는 진실에 대해, 방향을 잃었을 때는 진짜 원하는 것에 대해 물을 수 있습니다. 때로는 단순히 '지금 이 순간 삶이 내게 전하려는 메시지는?'이라는 열린 질문도 좋습니다.

이제 적어도 20분은 펜을 놓지 않고, 또는 키보드에서 손을 떼지 않고 써 내려가세요. 무엇을 써야 할지 모르겠다면 '무엇을 써야 할지 모르겠다.'라고 계속 쓰세요. 같은 단어를 반복해도, 의미 없어 보이는 문장이 나와도 괜찮습니다. 판단하지 말고, 수정하지 말고, 다시 읽지도 마세요.

처음 5~10분은 질문에 대한 즉각적이고 표면적인 반응들이 나옵니다. 이미 생각해 본 답들, 논리적인 분석, 합리적인 설명들. 의식이 아는 것을 반복하는 시간입니다. 그러나 멈추지 않고 계속 써 내려가면 미묘한 변화가 일어납니다. 문장의 결이 달라지고, 평소 쓰지 않던 표현이 나타나며, 의식하지 못했던 생각들이 서서히 드러나기 시작합니다. 의도하지 않았는데도 글이 스스로 방향을 찾아가는 순간들이 있습니다. 그 시간을 지나면서 의식의 경계가 서서히 느슨해집니다. 더 깊은 흐름이 이어진다면, 그 흐름과 함께 가면 됩니다. 핵심은 멈추지 않는 것입니다.

쓰기를 마치고 나면, 잠시 숨을 고르세요. 그리고 처음부터 천천히 읽어 봅니다. 때로는 전체가 의미 없어 보일 수도 있지만, 그 속에서 유독 시선이 멈추는 부분들이 있습니다. 그런 문장들은 대개 글이 깊어지기 시작한 지점에서 나타납니다.

    4부 통합: 어떻게 맑은 세계를 살아갈 것인가?

바로 그 지점에 필요한 답이 숨어 있습니다.

▶ 능동적 상상의 실제

능동적 상상은 내면의 지혜와 직접 대화하는 방법입니다. 자동 글쓰기가 무의식의 목소리를 듣는 것이라면, 능동적 상상은 그 목소리에 직접 말을 거는 것입니다. 당신이 질문하고, 내면의 지혜가 답하며, 다시 당신이 반응하는 살아 있는 대화가 이어집니다.

이 방법은 상징과 이미지를 통해 작동합니다. 우리의 무의식은 논리의 언어가 아닌 상징의 언어로 말합니다. 꿈이 그러하듯, 때로는 한 이미지가 천 마디 설명보다 더 깊은 앎을 전달합니다. 능동적 상상은 이 상징의 세계로 의식적으로 들어가, 내면의 지혜를 인격화하여 만나는 것입니다.

특히 구체적인 안내가 필요하거나, 내적 갈등으로 방향을 잃었을 때 능동적 상상은 내면의 나침반을 확인하는 가장 직접적인 방법이 됩니다.

방해받지 않을 조용한 공간과 최소 30분의 시간을 확보합니다. 먼저 깊은 이완으로 들어갑니다. 발끝부터 시작하여 천천히 주의를 이동시키며 각 부위의 긴장을 풀어 줍니다. 발, 종아리, 허벅지, 복부, 가슴, 어깨, 목, 얼굴까지 순차적으로 이완시켜 갑니다. 온몸이 완전히 이완될 때까지 충분한 시간을 가집니다.

호흡이 고르게 조절되면, 내면 공간 주위에 보호의 빛을 설정합니다. '이 신성한 시간, 오직 내 존재의 가장 깊은 지혜와 진실만을 허용합니다.' 이 선언은 무의식의 혼란스러운 내용들로부터 자신을 보호하는 결계, 안전한 울타리입니다.

편안히 앉아 눈을 감고, 마음속으로 계단을 내려간다고 상상해 보세요. 한 계단, 한 계단, 천천히 내려갈수록 더 깊은 내면으로 들어갑니다. 열 개의 계단을 다 내려가면 문이 하나 나타나고, 그 문을 열고 들어가면 당신만의 내면 공간이 펼쳐집니다. 그 공간에서 잠시 머물며 주변을 오감으로 느껴 보세요. 그리고 마음속으로 조용히 초대합니다. '내 안에 있는 지혜여, 이제 만날 준비가 되었습니다.'

그러나 아무리 초대해도 아무것도 나타나지 않거나, 안개처럼 흐릿하기만 할 때가 있습니다. 이 침묵과 부재 역시 하나의 메시지입니다. 무언가가 이 만남을 막고 있다는 신호입니다. 그럴 때는 막힌 느낌, 저항 자체를 하나의 존재로 받아들입니다. 벽일 수도, 문지기일 수도, 짙은 안개일 수도 있습니다. 무엇이 나타나든 그것도 당신의 일부입니다. 호기심을 가지고 조용히 다가가 물어봅니다. '무엇을 지키고 있니. 언제부터 여기 있었니? 내가 알아야 할 것이 있니?' 그리고 기다립니다.

저항은 대개 과거의 상처로부터 당신을 보호하기 위해 형성된 것입니다. 어린 시절 마음을 너무 쉽게 열어서 상처받았던 기억, 신뢰했다가 배신당했던 경험이 문지기가 되어 더 깊은 만남을 막고 있을 수 있습니다. 그러나 저항이 항상 과거의 상처만은 아닙니다. 때로는 아직 받아들일 준비가 되지 않았거나, 지금 그 진실을 마주하기에 적합하지 않을 때도 내면은 문을 닫습니다. 이것은 무의식의 보호이자 배려입니다. 억지로 열려 하지 말고, 때를 기다리는 것도 지혜입니다. 저항과의 대화는 그것이 지키려는 것을 이해하고, 이제는 안전하다는 것을 알려 주는 과정입니다. 여러 번의 시도가 필요할 수 있습니다. 서두르지 마세요. 저항이 풀리는 속도를 존중하세요.

저항이 걷히면, 그 뒤에 숨어 있던 지혜가 모습을 드러냅니다. 저항이 변화하여 안내자가 되기도 하고, 저항이 물러나며 새로운 존재가 나타나기도 합니다. 처음부터 저항 없이 지혜가 나타났다면, 바로 이 단계로 올 수 있습니다. 어떤 경로로 만남이 이루어졌든, 이제 지혜가 당신 앞에 있습니다. 그 모습을 세심하게 관찰하세요. 어린아이, 동물, 빛의 구체, 또는 그저 따뜻한 현존감으로. 예상과 전혀 다른 모습으로 나타날 수 있습니다. 어떤 형태든 판단하지 말고 그저 느껴 봅니다.

이제 대화를 시작합니다. 무엇을 먼저 물어도 좋습니다. 각자의 필요에 따라 다른 깊이로 펼쳐집니다. 주제는 여러 방향으로 전개될 수 있습니다.

두려움의 층위에서는 '지금 내가 가장 보기 두려워하는 것은 무엇일까?', '내가 놓지 못하고 있는 과거의 정체성은 무엇일까?' 이런 질문들이 의식적으로 회피했던 영역을 비춰 줍니다. 더 이상 유효하지 않은 자기 이미지, 억압된 감정들이 서서히 모습을 드러냅니다.

열망의 층위에서는 더 깊은 질문들이 떠오릅니다. '진정으로 원하지만 아직 마주하지 못한 것은 무엇일까?', '내 삶이 진정으로 향하고자 하는 곳은 어디일까?', '내가 이 세상에 가져오려는 고유한 선물은 무엇일까?' 이 물음들을 따라가다 보면, 표면적 목표 너머의 깊은 열망, 더 큰 전체에 기여할 수 있는 본질적 재능이 모습을 드러내기 시작합니다.

통합의 층위에서는 오래된 분리가 해소되기 시작합니다. '지금 통합되기를 기다리는 부분들은 무엇일까?', '아직 화해

　　　　　4부 통합: 어떻게 맑은 세계를 살아갈 것인가?

하지 못한 내면의 대립들은 무엇일까?' 이 질문 앞에 머물면, 분리가 환상이었음이 드러납니다. 어느 방향으로 가든, 그때 필요한 지혜가 나타납니다. 내면이 준비된 만큼 깊이 들어갑니다.

지혜는 때로 논리를 넘어선 상징의 언어로 말합니다. 돌 하나에 담긴 무게감, 열쇠가 암시하는 닫힌 문, 꽃이 품은 개화의 약속. 이런 이미지들은 즉각적 이해를 요구하지 않습니다. 무의식의 깊은 곳에서 서서히 의미를 엮어 내며, 때가 되면 불현듯 선명해집니다.

능동적 상상을 마치면 천천히 계단을 올라오듯 돌아옵니다. 먼저 호흡을 느낍니다. 그리고 손끝, 발끝의 감각을 느끼며 지금 이 순간으로 돌아옵니다. 때로는 깊은 만남 후에 감정이 올라올 수 있습니다. 그것도 과정의 일부입니다. 처음에는 아무 일도 일어나지 않을 수 있습니다. 지혜가 침묵할 수도, 모호한 느낌만 있을 수도 있습니다. 조급해하지 마세요. 씨앗은 땅속에서 먼저 뿌리를 내립니다.

▶ 진정한 지혜를 구별하는 기준

모든 내면의 목소리가 지혜는 아닙니다. 우리 안에는 여러 목소리가 있습니다. 상처받은 아이의 울부짖음, 방어적 자아의 경고, 충족되지 않은 욕망의 속삭임, 집단 무의식의 메아리. 이들이 때로 지혜의 가면을 쓰고 나타납니다.

진정한 내면의 지혜를 알아보는 첫 번째 기준은 '느낌의 질'입니다. 지혜는 고요한 호수 같습니다. 그 앞에 서면 자연스럽게 숨이 깊어지고 어깨가 내려갑니다. 평화롭고 중심 잡힌 느낌을 주며, 당신의 실수와 부족함조차 따뜻한 이해로 감싸 줍니다. 반면 자아의 투사는 파도를 일으킵니다. '빨리!', '지금 당장!', '늦으면 끝이야!' 이런 급박함은 두려움의 신호입니다. 극단적 평가로 당신을 흔들어 놓고, 불안하거나 들뜬 상태로 만듭니다.

두 번째는 '시간의 검증'입니다. 진정한 지혜는 일관됩니다. 오늘 A라고 했다가 내일 B라고 하지 않습니다. 상황이 바뀌어도 본질적 메시지는 동일합니다. 깊은 사랑과 수용의 바탕 위에서 성장을 안내합니다. 반면 자아의 욕망은 변덕스럽습니다. 기분과 상황에 따라 계속 바뀌고, 외부 조건에 좌우되며, 감정에 휩쓸립니다.

세 번째는 '열매의 관찰'입니다. 그 안내를 따랐을 때 무엇이 자라나는지 보세요. 평화, 연민, 창조성, 연결감이 늘어난다면 지혜입니다. 더 많은 사랑이 흐르고, 관계가 깊어지며, 삶이 풍요로워집니다. 반면, 분리, 우월감, 집착, 불안이 커진다면 자아의 투사입니다. 관계는 멀어지고, 자신만 특별하다는 환상에 빠지며, 세상은 더 위험하게 느껴집니다.

네 번째는 '보편성의 확인'입니다. 진정한 지혜는 개인을 넘어선 보편성을 지닙니다. 믿을 만한 이와 나누었을 때 그들도 고개를 끄덕이고, 인류가 오랜 세월 축적한 지혜의 전통과도 맞닿아 있습니다. '나만 특별하다', '나만이 진리를 안다'는 메시지는 대부분 자아의 환상입니다.

의심스러울 때는 이렇게 물어보세요. '이것이 나를 더 열린 사람으로 만드는가, 닫힌 사람으로 만드는가?' '사랑으로 이끄는가, 두려움으로 이끄는가?' '전체와의 연결로 가는가, 분리와 고립으로 가는가?'

진정한 내면의 지혜는 당신을 자유롭게 합니다. 강요하지 않고 초대하며, 판단하지 않고 비추어 줍니다. 성장을 돕되 속도를 존중하고, 방향을 제시하되 선택은 당신에게 맡깁니다. 지혜는 먼 곳에서 찾아오는 것이 아닙니다. 상처의 소음이 잦아들고 마음이 고요해질 때, 처음부터 그곳에 있던 앎이 스스로 드러납니다. 이 고요한 앎은 특별한 순간에만 작동하는 것이 아니라, 삶의 매 순간 고요히 흐르고 있습니다.

6장

일상의 수행
: 깨어 있음의 리듬 만들기

긴 여정의 마지막 고개에 서 있습니다. 우리는 먼저 모든 경험에도 물들지 않는 의식의 본질을 배웠고, 몸의 수련을 통해 흔들리지 않는 내면의 중심을 세웠습니다. 그 단단한 토대 위에서 감정의 격랑을 지혜로 변환하고, 상처의 치유를 넘어 내면의 깊은 안내자와 만나는 법을 익혔습니다. 이제 남은 것은 이 모든 앎을 일상의 리듬 속에 녹여 내는 일입니다. 아침의 시작과 저녁의 마무리, 그리고 일주일의 호흡 속에서 깨어 있음을 유지하는 것.

산 정상이 아무리 장엄해도, 결국 우리가 돌아갈 곳은 일상이라는 평지입니다. 의식의 변화가 일상 속에 자리 잡을 때 비로소 온전한 통합이 일어납니다. 앞서 배운 생존모드의 수축과 통합모드의 확장 사이에서, 그리고 몸의 움직임이 만드는 새로운 주파수 속에서, 매일의 실천 속에서도 의식적 선택이 가능해집니다.

▶ 일상이라는 가마

수행을 비유하자면, 그것은 내면의 온도를 높여 가는 과정과 같습니다. 처음 수행을 시작하면 우리는 물의 온도가 오르듯 분명한 변화를 겪습니다. 삶을 조이던 긴장이 느슨해지고, 감당하기 어렵던 고통을 견딜 수 있게 됩니다. 무겁던 일상이 가벼워지고, 빽빽하던 하루에 여백이 생깁니다. 큰 행복이 아니더라도, '견딜 수 없음'이 '살아 볼 만함'으로 바뀌는 이 시기는 분명한 상태의 변화입니다.

하지만 물이 끓었다고 해서 변형이 일어난 것은 아닙니다. 불을 끄면 뜨겁던 물도 다시 차갑게 식어 버리듯, 수행을 멈추면 의식은 금세 예전의 습관적인 온도로 회귀합니다. 그런데 고통이 사라지고 편안해지면, 많은 이들이 거기에 안주하며 더 깊은 변화를 향한 목적을 잃어버립니다. 진정한 변형은

　○　4부 통합: 어떻게 맑은 세계를 살아갈 것인가?

이 초기의 변화가 지나간 후, 그 온기를 묵묵히 이어 갈 때 비로소 시작됩니다.

100도가 물을 수증기로 바꾸는 온도라면, 1,200도는 흙을 도자기로 바꾸는 온도입니다. 가마 속의 도자기는 물처럼 요란하게 끓지 않습니다. 붉은 열기 속에서 고요하게 버티며, 단단한 그릇이 됩니다. 이는 단순한 상태의 변화를 넘어선 존재의 변형입니다. 여기서 온도가 더 높아져 1,500도에 이르면, 가장 단단한 쇠조차 녹아내립니다. 견고한 에고와 고집, 그리고 나와 너를 나누는 경계마저 녹아내려, 어떤 것에도 물들지 않는 의식 본연의 맑음으로 돌아가는 과정입니다.

수행이 깊어질수록 겉으로 드러나는 변화는 줄어듭니다. 극적인 해방감도 덜합니다. 그러나 내면은 점점 고요해지고, 마음이 평화로워지며, 삶 전체에 깊은 안정감이 스며듭니다. 보는 것이 선명해지고, 느끼는 것이 명료해집니다. 억지로 분석하거나 판단하지 않아도 있는 그대로가 보이기 시작합니다. 이런 변화는 밖에서 볼 수 없습니다. 오직 그 안에 있는 사람만이 압니다.

이 고요함 속에서 수행을 멈추지 않을 때, 내면에서는 더 높은 온도가 유지됩니다. 그 지속적인 열만이 우리 존재의 가장 깊은 무의식 층에 닿고, 의식의 구조 자체를 재배열할 수 있습니다.

　그렇다면 이 온도는 어떻게 유지될 수 있을까요. 가마의 불은 한번 지펴서 끝나지 않습니다. 꾸준히 장작을 넣어야 온도가 유지됩니다. 일상의 작은 수행들이 바로 그 장작입니다. 아침의 고요, 저녁의 성찰, 일주일의 깊은 고요. 하나하나는 작아 보여도, 이것들이 쌓여 내면의 온도를 유지합니다. 특별한 수행이 아니라 평범한 일상 속 실천이 변형을 완성합니다.

　눈에 보이는 변화가 없다고, 혹은 다시 예전으로 돌아간 것 같다고 낙담할 필요 없습니다. 당신은 지금 끓는 물의 단계를 지나, 도자기를 굽고, 쇠를 녹이는 더 높은 온도의 시간 속에 있습니다. 고요하지만 깊은 변형이 일어나고 있는 것입니다.

▶ 먹구름이 찾아올 때

　수행을 하다 보면 의문이 드는 순간이 찾아옵니다. 분명히 꾸준히 수련하고 있는데, 어느 날 이유 없이 마음이 소란스럽습니다. 뜬금없이 탁한 생각과 감정이 불쑥 올라옵니다. 맑았던 하늘에 먹구름이 밀려오듯, 예고 없이 어둠이 드리웁니다. 많은 수행자가 이때 자책의 늪에 빠집니다. '내 수련이 부족해

　　　　4부 통합: 어떻게 맑은 세계를 살아갈 것인가?

서.', '아직 멀었구나.'라며 스스로를 탓합니다.

하지만 스스로를 탓하기 전에 살펴볼 것이 있습니다. 의식은 개인에게 갇혀 있지 않습니다. 냄새 나는 골목을 지날 때 그것이 당신에게서 나는 것이 아니듯, 때로는 주변의 무거운 에너지가 스쳐 지나가는 것일 수 있습니다. 문득 낯선 부정성이 찾아오면, 그것을 '나의 것'이라고 움켜쥐지 않아도 됩니다. 구름은 하늘이 아닙니다. 창문을 열어 환기하듯 가볍게 흘려보내면 됩니다.

물론, 밖에서 온 것이 아니라 내 안에서 올라온 것일 수도 있습니다. 과거에 쌓아 온 생각과 행동이 남긴 흔적들. 하지만 그것 역시 걱정할 필요는 없습니다. 짠물이 담긴 컵에 물을 계속 부으면 결국 맑은 물이 됩니다. 이처럼 알아차림이라는 맑은 물을 계속 부어 넣으면 됩니다.

지금 올라오는 것이 밖에서 온 것이든 안에서 온 것이든, 원리는 같습니다. 자책하거나 맞서 싸우는 대신, 알아차리고 흘려보내는 것. 하루하루의 맑은 선택이 쌓여, 어느새 맑음이 당신의 자연스러운 자리가 됩니다.

▶ 하루의 리듬 속에서

잠과 깨어남 사이, 의식이 서서히 깨어나는 그 경계에 하루 중 가장 순수한 시간이 있습니다. 아직 '나'라는 이야기가 시작되기 전, 세상의 소음이 침투하기 전의 고요한 틈새. 눈을 뜨자마자 바로 일어나고 싶어도, 잠시 깨어났다는 사실 자체를 알아차려보세요.

처음에는 막연한 감각들이 느껴집니다. 이불의 감촉, 방 안의 온도, 희미한 빛. 그다음 서서히 '나'라는 경계가 생기기 시작하면서 어제의 기억이 올라오고 오늘 할 일들이 밀려듭니다. 이 전환의 시점, 생각의 폭포가 쏟아지기 직전의 바로 그 지점에서 3분의 고요를 확보할 수 있다면, 하루 전체의 기조가 달라집니다.

첫 1분은 그저 눈을 뜬 채로 천장을 바라보며 몸의 감각을 알아차립니다. 어깨의 무게, 다리의 이완, 심장의 고동. 아직 판단하거나 해석하지 않고 그저 느낍니다. 두 번째 1분은 호흡으로 향합니다. 억지로 조절하지 않은 들숨과 날숨을 열 번쯤 세어 봅니다. 숨이 들어오고 나가는 리듬 속에서 의식이 점차 맑아집니다. 마지막 1분은 오늘 하루를 위한 작은 의도를 설정합니다. 거창한 목표가 아닌, '오늘은 한 번 더 멈추고 숨 쉬기' 같은 단순한 다짐 하나가 하루를 바꿉니다.

이렇게 의식적으로 열린 아침은 마음을 안정시키고 흐릿하던 시야를 맑게 합니다. 처음에는 어렵게 느껴질 수도 있지만, 며칠만 지나면 이 짧은 시간이 하루의 든든한 닻이 되어 줍니다.

이 3분의 고요가 특별한 이유는 하루가 시작되기 전, 아무것도 요구받지 않는 시간이기 때문입니다. 아직 일상의 역할도, 해야 할 일들도 시작되지 않았습니다. 순수한 존재로서의 당신이 온전히 있을 수 있는 때, 이 침묵의 순간이 하루 전체에 스며들어, 어떤 상황에서도 중심을 잃지 않는 내적 기준점이 됩니다.

이제 하루가 본격적으로 시작됩니다. 하지만 아침에 확보한 그 여백은 사라지지 않습니다. 혼돈의 한가운데서도 변하지 않는 중심으로 그곳에 있습니다.

▶ 저녁, 하루를 돌아보는 성찰 기록

하루가 저물 무렵, 다시 자신과 만날 시간입니다. 오늘을 차분히 되돌아보는 이 시간은 단순한 반성이나 후회가 아닌, 내 안의 보이지 않는 시나리오가 어떻게 하루를 연출했는지 알아차리는 깊은 성찰의 시간입니다.

● 1단계: 물든 패턴 알아차리기

먼저 오늘의 경험 하나를 선택해, 아래의 질문을 따라가며 그 시나리오를 탐색합니다. 편안한 자세로 앉아 천천히, 판단 없이 자신을 관찰해 봅니다.

현상 관찰

오늘 익숙한 패턴이 작동한 순간은 언제였나요? 다음과 같은 순간을 떠올려 보세요.

- ☐ 감정이 강하게 일어났다. (분노, 불안, 초조, 좌절)
- ☐ 반대로 아무것도 느껴지지 않았다. (무감각, 냉담, 공허)
- ☐ 평소와 같은 패턴으로 반응했다. (과도한 통제, 회피, 집착, 순응)

이처럼 익숙한 '시나리오'대로 상황이 전개된 느낌이 들었던 순간, 그 순간을 영화의 한 장면처럼 떠올려 봅니다. 누가 있었고, 무슨 일이 일어났으며, 당신의 몸과 마음은 어떻게 반응했나요? 가슴이 뜨거워졌는지, 차갑게 식어 버렸는지, 목이 메었는지, 어깨가 굳어졌는지, 혹은 아무것도 느껴지지 않았는지. 그 생생한 감각들을 다시 한번 느껴 봅니다.

예시 상사가 업무 피드백을 주는데, 비판처럼 느껴졌다. 순간 어린 시절 아버지에게 혼나던 기억이 떠올랐다. 가슴이 조여오고 말문이 막혔다. 어린아이처럼 움츠러들었다.

시나리오 인식

그때 나를 지배한 핵심 '시나리오'는 무엇이었나요? (중복 선택 가능)

□ 버림 불안 시나리오: '나는 결국 혼자다'

□ 배신 불신 시나리오: '사람은 믿을 수 없다'

□ 피해자 시나리오: '나는 항상 피해자다'

□ 자기 상실 시나리오: '나는 스스로 설 수 없다'

□ 무가치감 시나리오: '나는 충분하지 않다'

□ 정서 결핍 시나리오: '나는 채워지지 않는다'

예시 '나는 충분하지 않다'는 무가치감 시나리오가 작동했다. 피드백을 개선의 기회가 아니라 나에 대한 부정으로 받아들였다.

물든 기능 발견

그 시나리오는 어떤 '물든 내면 기능'의 목소리였나요? (중복 선택 가능)

초월자아 차원

□ 냉담한 방관자(물든 순수 관찰자): 무감각하게 거리를 두며 관찰만 했나요? 느끼기를 포기했나요?

□ 독단적 설교자(물든 진리 탐구자): 하나의 답만이 옳다고 확신하며 다른 가능성을 차단했나요?

□ 강박적 구원자(물든 통합 치유자): 타인을 구해야 한다는 강박에 사로잡혔나요? 자신의 상처는 외면했나요?

□ 환상의 건축가(물든 비전 창조자): 현실을 외면하고 이상적인 계획에만 빠져 있었나요?

일상자아 차원

- □ 강박적 통제자(물든 현실 실행자): 모든 것을 통제하고 변수를 없애려 했나요?
- □ 분열된 연기자(물든 자아 조율자): 진짜 나를 숨기고 상황에 맞는 가면을 썼나요?
- □ 갈등 회피자(물든 경계 설정자): "아니요."라고 말하지 못하고 모든 것을 수용하거나 회피했나요?

심층자아 차원

- □ 상처받은 아이(물든 내면아이): 인정받고 싶은 욕구에 사로잡혔나요? 무력감을 느꼈나요?
- □ 몸의 침묵(물든 몸의 목소리): 몸의 신호를 무시하고 밀어붙였나요? 감각과 단절되었나요?
- □ 어둠의 중독(물든 원초적 생명력): 파괴적 충동이나 극단적 자극을 추구했나요?

예시 상사의 피드백을 비판으로 받아들이며 움츠러든 순간, '나는 충분하지 않다'는 무가치감 속에서 '상처받은 아이'(물든 내면아이)가 작동했다. 인정받고 싶지만 상처받을까 두려워 무력감에 빠졌다. 동시에 '냉담한 방관자'(물든 순수 관찰자)가

이 감정을 차단하며 무감각하게 거리를 뒀다.

● 2단계: 회복 훈련 설계하기

이제 발견한 물든 기능을 단순히 문제로 보는 것을 넘어, 그 안에 잠재된 건강한 힘을 깨우는 훈련을 설계합니다. 내일 하루, 이 맑은 기능을 회복하기 위한 구체적 행동을 만들어 봅시다. 다음을 참고하여, 발견한 물든 기능에 해당하는 회복 훈련을 선택하거나 나만의 훈련을 설계해 보세요.

나의 내일 훈련 계획

다음 표와 같이 내일 훈련 계획을 기록해 봅니다.

나의 내일 훈련 계획 (예시)	
순수 관찰자 훈련	내일 누군가와 이야기할 때, 상대의 목소리 톤이나 표정의 변화를 있는 그대로 지켜보겠다. 내 호흡은 어떤지, 어깨는 올라가지 않았는지. 해석하지 않고, 고치려 하지 않고, 3분만 느껴 보자.
내면아이 훈련	저녁 식사 후, 성과나 목적 없이 '그냥 좋아서' 하는 일을 10분 허락하겠다. 좋아하는 재즈 음악을 들으며 아무 생각 없이 리듬에 몸을 맡기는 것. 인정받을 필요 없이, 변화를 만들 필요 없이, 그저 순수한 즐거움을 허락하겠다.
…	…

　　　　4부 통합: 어떻게 맑은 세계를 살아갈 것인가?

내면 기능 변환 훈련표

'내면 시나리오 진단표'에서 확인한 '물든 기능'을 본래의 맑은 기능으로 회복시키기 위한 구체적인 훈련 방법을 안내하는 참조표입니다. 다음 연습들은 참고용 가이드입니다. 모든 물든 기능의 뿌리가 자기보호였듯, 회복 또한 자신을 돌보는 데서 시작됩니다. 제시된 활동을 응용하여, 스스로에게 가장 큰 연민과 지지를 보내 줄 수 있는 자신만의 방식을 찾아 나가 보세요.

맑은 기능	물든 기능	회복 방향
순수 관찰자	냉담한 관찰자	판단 없이 타인의 표정이나 말투를 있는 그대로 관찰하기 (화가 났다 → 목소리 톤이 높아졌다)
진리 탐구자	독단적 설교자	틀릴 수 있음을 인정하고 모른다는 말을 선택하는 용기 내기, 열린 마음으로 배우기
통합 치유자	강박적 구원자	타인의 문제를 해결해 주고 싶을 때, 먼저 '지금 나에게 필요한 것은 무엇인가?'라고 질문하기
비전 창조자	환상의 건축가	거대한 계획 대신 '오늘 당장 할 수 있는 작은 한 가지'를 찾아 실행하고 기록하기
현실 실행자	강박적 통제자	하루 한 가지 작은 결정을 타인에게 맡겨 보거나, 30분간 계획 없이 즉흥적으로 보내기

자아 조율자	분열된 연기자	가장 안전한 관계에서 "사실 나는……"으로 시작하는 진실한 감정이나 생각을 표현해 보기
경계 설정자	갈등 회피자	부담스러운 부탁에 즉시 답하지 않고 "생각해 보고 알려 줄게."라고 말하며 시간 두기
내면아이	상처받은 아이	성과와 상관없이 '그냥 하고 싶어서' 하는 순수한 즐거움(음악 감상, 산책 등)을 하루 10분 해 보기
몸의 목소리	몸의 침묵	하루 세 번 알람을 맞춰 두고, '지금 내 몸은 어떤 느낌인가?'(어깨, 배, 발 등) 질문하고 느껴 보기
원초적 생명력	어둠의 중독	파괴적 충동이 들 때, 그 에너지를 글쓰기, 격렬한 운동, 노래 부르기 등 창조적 활동으로 표현하기

▶ 일주일의 호흡: 깊은 정적으로의 초대

일상의 작은 멈춤들 사이, 더 큰 침묵이 기다리고 있습니다. 일주일의 끝에서 만나는 깊은 고요의 시간. 매일의 작은 알아차림과 성찰이 토양을 가꾸는 일이라면, 주간 명상은 깊은 뿌리를 내리는 시간입니다. 일주일에 한 번, 30분에서 1시간의 온전한 침묵을 자신에게 선물합니다.

    4부 통합: 어떻게 맑은 세계를 살아갈 것인가?

처음 시작하는 이들에게는 30분도 산처럼 느껴질 수 있습니다. 그래서 첫 한 달은 15분으로 시작해도 좋습니다. 10분은 호흡을 관찰하고, 남은 5분은 마음에 나타나는 것들에 그대로 머물러 봅니다. 이것만으로도 어지럽던 생각들이 가라앉고, 본래의 맑고 고요한 상태가 드러납니다. 편안히 앉습니다. 중요한 것은 척추를 세우고 깨어 있는 것입니다. 둘째 달부터는 30분으로 늘려 갑니다. 호흡에 10분, 몸의 감각을 느끼는 데 10분, 그리고 마음의 움직임을 관찰하는 데 10분. 각각의 층위를 천천히 만나 가는 시간입니다. 셋째 달이 되면 30분에서 45분까지 자연스럽게 앉을 수 있게 됩니다. 하지만 이것도 어떤 날은 쉽고 어떤 날은 어렵습니다. 마음은 끊임없이 요동치고, 몸은 불편함을 호소합니다. 그럴 때마다 다시 호흡으로, 다시 지금으로 돌아오는 것이 수행입니다. 시간의 길이보다 중요한 것은 매일 앉는 것입니다.

먼저 호흡을 바라봅니다. 들숨과 날숨의 리듬을 따라가며 마음을 안정시킵니다. 처음 몇 분간은 일주일간 쌓인 잔상들이 계속 나타납니다. 끝내지 못한 대화, 해결되지 않은 긴장, 무시했던 감정들을 정리하려 애쓰지 않습니다. 호흡으로 돌아오기를 반복하며, 올라오는 것들이 지나가도록 둡니다.

10분쯤 지나면 마음의 파도가 잦아들기 시작합니다. 생각과 생각 사이의 간격이 넓어지고, 그 틈에 고요가 자리합니다. 호흡에서 주의를 풀어 알아차림을 확장합니다. 올라오는 생각들을 하늘을 지나가는 구름처럼 관찰합니다. 붙잡지도 밀어내지도 않고, 그저 일어남과 사라짐을 지켜봅니다.

이 정적 속에서 때로는 본질적인 질문들이 저절로 찾아옵니다. '내가 정말 원하는 것은 무엇인가.', '무엇이 나를 같은 자리로 돌아오게 하는가.', '지금 내 삶은 어디로 향하고 있는가.' 일상의 소음 속에서는 묻힐 수밖에 없었던 근본적인 물음들입니다. 답을 당장 찾으려 하지 않고 질문과 함께 머물러 봅니다.

때로는 아무런 질문도 통찰도 없이 그저 존재하는 시간이 될 수도 있습니다. 이런 텅 빈 듯한 침묵이 오히려 가장 깊은 휴식이 됩니다. 일주일간 쌓인 긴장이 풀리고, 복잡했던 생각들이 가라앉으며, 지친 마음이 쉼을 얻습니다. 의식의 깊은 곳에서 조용히 일어나는 재생과 회복의 시간입니다.

    4부 통합: 어떻게 맑은 세계를 살아갈 것인가?

▶ 일상이 곧 수행

여전히 같은 시간에 알람이 울리고, 같은 길로 출근하며, 같은 사람들을 만납니다. 하지만 그 일상을 보는 눈이 달라졌습니다. 무심코 지나쳤던 시간들이 현존의 기회로 보이기 시작합니다.

아침의 3분 고요가 하루 전체의 질을 바꿉니다. 저녁의 성찰 기록이 내일을 새롭게 시작하는 힘이 됩니다. 주간 명상이 일주일의 중심을 잡아 줍니다. 이 작은 실천들이 쌓여 일상을 바꾸고, 그 일상이 모여 삶 전체가 변화합니다.

일상으로 돌아가는 것은 끝이 아니라 시작입니다. 특별한 시간과 장소가 아닌, 평범한 일상 속에서 깨어 있음을 살아내는 것. 그것이 가장 진실하고 지속 가능한 수행입니다. 지금도 삶은 흐르고 있습니다. 매 순간 우리는 무언가를 선택하며, 그 선택들이 조용히 쌓여 우리가 됩니다. 일상이라는 평범한 시간 속에서 때때로 깨어 있을 수 있다면, 가끔씩 멈춰서 숨 쉴 수 있다면, 우리 안에서 존재하는 방식 자체가 바뀌는 조용한 혁명이 일어납니다.

반응하는 자아에서 응답하는 존재로, 분리된 나에서 연결된 전체로, 조건 지어진 마음에서 본래의 자유로.

그 시작은 언제나 지금, 바로 이 순간입니다.

    ○   4부 통합: 어떻게 맑은 세계를 살아갈 것인가?

통합—앎을 삶으로 바꾸는 구체적인 실천법

4부 '통합'은 1~3부의 내면 지도를 실제 삶에서 실천하는 법을 안내합니다. '물들지 않는 의식'을 일상에 적용하여, 앎에 머무르지 않고 삶의 변화를 이끄는 과정입니다.

▶ 4부 구조 개요

1장	물들지 않는 의식	동일시에서 알아차림으로	호흡, 감각, 생각을 판단 없이 관찰
2장	의식 확장 워크	흔들리지 않는 중심 만들기	고통과 관찰자 사이 거리 만들기
3장	어웨이크 플로우	몸으로 바꾸는 의식의 주파수	동적 움직임을 정적 고요로
4장	내면 통합 프로세스	상처에서 지혜로	6단계 치유 과정으로 내면 통합
5장	내면의 지혜	고요 속에서 만나는 안내자	자동 글쓰기와 능동적 상상
6장	일상의 수행	깨어 있음의 리듬 만들기	아침 · 저녁 · 주간 루틴

▶ 1장: 물들지 않는 의식—동일시에서 알아차림으로

화가 난다고 느낄 때, 우리는 종종 분노라는 '현상'에 매몰됩니다. 하지만 한 걸음 물러서 관찰하면, '나'는 분노 자체가 아니라 그것을 알아차리는 '의식'임을 깨닫게 됩니다. 우리는 감정이나 생각이 아닌, 모든 것을 비추면서도 물들지 않는 순수한 의식입니다.

단계	방법	핵심
호흡 관찰	호흡의 촉감을 느끼되 그것에 동일시되지 않고 알아차림의 자리 유지하기	숨은 '내가' 쉬는 것이 아니라 저절로 일어나는 현상, 행위자 없는 순수한 움직임의 발견
감정을 감각으로	'나는 화났다'는 이야기 대신 가슴과 어깨와 턱의 감각을 있는 그대로 만나기. 판단 없이 느낌을 탐색	감정은 고정된 것이 아니라 파도처럼 일어났다 사라지는 에너지 흐름, 강렬한 감정도 결국 변화한다는 통찰
생각을 흐름으로	내면의 목소리를 바꾸려 하기보다, 일어났다 사라지는 것을 관찰	생각의 내용과 그것을 지켜보는 의식 사이의 거리, 이 공간에서 자유가 시작됨

          4부 통합: 어떻게 맑은 세계를 살아갈 것인가?

▶ 2장: 의식 확장 워크—흔들리지 않는 중심 만들기

고통이 다가오면 본능적으로 피하려 하지만, 그것을 직면하며 세 층위로 구분해 경험하는 길이 있습니다. 그 층위란 '몸의 감각', '마음의 저항', 그리고 이 모든 것을 지켜보는 '고요한 알아차림'입니다. 이들을 분리해서 관찰할 때, 고통과 '나'라는 관찰자 사이에 거리가 생기며 흔들리지 않는 중심이 세워집니다.

순서	내용	방법
내면의 출발점	현재 상태 느끼기	불편한 감정을 일으키는 상황을 떠올리고 몸, 감정, 생각의 반응을 있는 그대로 관찰, 현재 기준선 확립
소리와 알아차림	소리로 깊어지기	싱잉 볼이나 '옴' 소리를 내며 소리가 일어났다 사라지는 과정 관찰, 소리 끝의 고요에 머물기, 자연스럽게 반복하며 미세한 울림까지 알아차림
주의 이동 훈련	주의의 확장	발끝 → 무릎 → 배 → 가슴 → 머리로 주의 이동, 점차 공간(몸 주위 → 방 → 하늘)과 소리(가까운 소리 → 먼 소리)로 알아차림 확장
통합모드 연단	고통 속 알아차림 활성화	**연단 1**: 다리 수직으로 세워 떨림, 화끈거림, 포기 욕구 등 관찰, 포기하지 않고 고통과 함께 머물기 **연단 2**: 무릎 굽히고 팔을 쭉 뻗어 둥글게 만들기, 고통 속에서 고요한 중심 발견
호흡과 통합	자연스러운 통합	이완된 자세에서 저절로 일어나는 호흡을 관찰, 중력에 몸을 맡기고 모든 경험이 자연스럽게 통합되도록 허용

머리로 해결되지 않는 문제가 있을 때, 필요한 것은 더 많은 생각이 아닌 몸의 움직임입니다. 어웨이크 플로우는 바로 이 '움직임'의 원리를 호흡과 일치된 반복 동작에 적용하여, 몰입 상태로 진입하게 합니다. 이 과정을 통해 생각의 자동 회로는 멈추고 신경계는 재조율됩니다.

순서	방법	핵심
준비	몸의 상태, 감정과 생각 관찰	수행 전과 후 변화를 비교할 기준선 설정
깨우기	몸을 움직이며 감각을 깨움	절수련이나 태양경배자세를 부드럽게 시작
흐르기	호흡과 움직임을 연결하여 같은 동작을 리드미컬하게 반복	생각이 점차 고요해지고 움직임에 몰입, 정체되었던 에너지가 순환하며 균형 회복
이완하기	바닥에 누워 이완, 움직임의 여운과 내적 진동 관찰	동적 에너지가 정적으로 전환되며 깊은 이완 경험.
마무리	시작할 때 몸과 마음의 감각이 어떻게 변화했는지 점검	긴장에서 이완으로, 산란함에서 고요로의 전환을 체감

▶ 4장: 내면 통합 프로세스—상처에서 지혜로

감정은 몸에 새겨진 기억입니다. 과거 충족되지 못한 욕구가 신경계에 각인되어, 현재의 삶에서 과거의 반응을 되풀이합니다. 내면 통합 프로세스는 '관찰 〉 수용 〉 경청 〉 탐구 〉 발견 〉 통합'의 6단계를 거쳐, 지금의 내가 과거의 나를 돌보는 여정입니다. 이 과정을 통해 멈춰 있던 시간이 다시 흐르고, 상처는 지혜로 변모합니다.

단계	내용	내면 대화	핵심 초점
관찰	알아차림의 자리로 이동	'내 안에 분노가 있구나.'	'나는 분노다.'가 아닌 내 안에 '분노가 있다.'로 공간 만들기
수용	감정을 수용하기	'내 안의 분노야, 있어도 괜찮아.'	저항을 내려놓고 존재를 허락하기
경청	감정의 목소리를 듣기	'무슨 말을 하고 싶니?'	판단이나 평가 없이 경청하기
탐구	감정의 뿌리 탐색하기	'이 감정의 씨앗은 언제, 무엇 때문에 심어졌을까?'	현재의 강렬한 반응이 과거 어떤 상처를 건드렸는지 찾기
발견	진짜 욕구 찾기	'그때 내가 정말로 원했던 것은?'	분노 아래 인정, 슬픔 아래 연결, 두려움 아래 안전을 발견하기
통합	현재와 과거의 만남	'네 잘못이 아니야. 이제는 내가 너를 지켜 줄게.'	과거의 나를 만나 듣고 싶었던 말을 현재의 내가 전하기

정화의 여정을 지나온 마음에 고요가 깃듭니다. 이 고요는 끝이 아니라 새로운 시작입니다. 감정의 소음 너머, 당신 안의 가장 깊은 곳에 언제나 존재하던 목소리가 이제 들리기 시작합니다. 자동 글쓰기와 능동적 상상은 이 내면의 지혜를 만나는 두 개의 문입니다.

방법	과정	핵심
자동 글쓰기	• 깊게 살펴보고 싶은 주제 하나를 정함 • 손을 멈추지 않고 계속 써 내려감 • 작성된 내용을 관찰자의 시선으로 살핌	• 손을 멈추지 않을 때 자아의 개입이 약해짐 • 표면의 생각을 지나면 더 깊은 층위의 앎이 드러남 • 드러난 통찰은 삶 속에서 그 의미를 검증함
능동적 상상	• 바르게 앉아 호흡과 함께 몸을 깊게 이완함 • 내면의 지혜를 정중히 초대함 • 저항이 나타나면 그 존재를 먼저 만나 이해함 • 드러나는 형태를 판단 없이 그대로 수용함 • 질문한 뒤 일어나는 반응을 고요히 지켜봄	• 내면의 지혜는 논리가 아닌 상징과 이미지로 소통함 • 저항은 보호의 목적이 있으므로 억지로 해소하지 않음 • 관찰자로 한 걸음 물러서서 존중으로 대화함 • 받은 메시지는 신뢰하며 삶 속에서 검증함

▶ 6장: 일상의 수행—깨어 있음의 리듬 만들기

깨달음은 한순간의 '사건'일 수 있으나, 그것을 삶으로 살아내는 '통합'은 평생의 여정입니다. 아침의 중심 잡기, 저녁의 성찰, 그리고 주간의 깊어짐을 통해, '깨어 있음'은 더 이상 특별한 순간이 아닌, 일상의 태도이자 살아가는 방식 그 자체가 됩니다.

시간	과정	핵심
아침 (3분)	• 눈을 떴을 때 몸의 감각을 알아차림 • 호흡을 열 번 하며 의식을 맑게 함 • 깨어 있는 하루를 위한 작은 의도를 정함	'나'라는 이야기가 시작되기 전의 고요한 틈새, 그 맑은 의식으로 세운 의도가 하루 전체의 중심을 잡아 줌
저녁 (10~15분)	• 오늘 하루를 떠올리며 성찰일지 작성 • 핵심 시나리오와 물든 기능을 발견하며 기록 • 내일 실천할 훈련을 설계	무의식적 시나리오를 의식화하고 물든 기능을 맑은 기능으로 회복시키는 과정
주간 (30분~1시간)	• 바르게 앉아 호흡 관찰 • 몸 전체의 감각을 알아차림 • 마음의 흐름을 지켜봄 • 점차 깊은 고요 속으로 들어감	일주일의 끝에서 만나는 시간. 매일의 알아차림이 움직임 속에서 깨어 있는 공부라면, 명상은 움직임의 바탕에 고요히 머무는 시간

온전한 통합을 향하여

이 책의 마지막에 도달한 당신은 이미 어려운 여정을 시작했습니다. 자기 자신을 향해 걸어가는 것, 그것은 모든 여행 중 가장 가깝고도 가장 먼 여행입니다.

우리는 함께 물든 세계에서 맑은 세계로 가는 길을 걸었습니다. 의식이라는 무대에서 펼쳐지는 자아의 세 가지 표현을 만났습니다. 처음에는 서로 다른 존재처럼 보였지만, 깊이 들여다보니 하나의 본성이 의식의 각 층위에서 다르게 표현될 뿐이었습니다.

물듦의 원리를 해부하고, 드라마의 패턴을 들여다보고, 통합의 길을 걸어온 끝에 발견한 것은 단순한 진실이었습니다. 그토록 찾던 것이 처음부터 우리 안에 있었다는 것. 생존모드의 갑옷 아래, 물든 기능들의 베일 뒤에, 본래의 밝음은 늘

그 자리에 있었습니다

밝음은 언제나 있지만, 맑음은 저절로 유지되지 않습니다. 그래서 수행입니다. 처음에는 흐름을 거스르는 일이 힘들지만, 어느 고비를 넘으면 맑음이 자연스러운 상태가 됩니다. 맑음을 지키려 애쓰던 것이, 맑음 속에 쉬는 것이 됩니다. 이 여정의 끝에서 우리가 되찾는 것은 경험 이전의 맑음이 아닙니다. 분별을 거쳐 분별을 넘어선, 지혜가 깃든 맑음입니다.

우리가 '깨달았다'고 말하는 순간은, 어떤 특별한 경지에 도달하는 것이 아닙니다. 마음의 소란이 잦아들고, 그 뒤에 늘 있었던 본래의 고요가 드러나는 순간입니다. 흙탕물이 가라앉으면 물이 맑아지듯, 가려져 있던 밝음이 스스로 드러나는 것. 이것이 깨어남입니다.

이 길 위에서 극복했다고 믿었던 문제가 다시 찾아올 때, 같은 자리로 돌아온 듯한 절망을 느낄 수 있습니다. 그러나 나선형 계단을 오르는 사람이 같은 방향을 향하지만 매번 더 높은 곳에 있듯이, 같은 주제를 만날 때마다 조금씩 더 깊은 이해와 함께 만나고 있는 것입니다. 자신에게 충분한 시간과 자비를 허락하는 것, 이것이 평생의 여정을 걷는 지혜입니다.

돌아보면, 왜 그토록 오래 생존모드에 머물렀는지, 그리고 관계가 어떻게 서로를 가두는 드라마가 되었는지 이해할 수 있습니다. 물든 채로 사는 것이 익숙했고, 그 익숙함 속에는 최소한 예측 가능하다는 안전이 있었습니다. 그러나 한 사람이 그 믿음을 내려놓고 진짜 자신으로 살기 시작할 때, 물방울이 고요한 호수에 파문을 만들듯 '그래도 되는구나.'라는 살아 있는 증명이 조용히 퍼져 나갑니다. 그 앞에서 다른 이들이 붙잡고 있던 가면의 끈도 느슨해집니다.

이제 당신만의 고유한 여정이 시작됩니다. 이 책은 지도일 뿐, 당신이 걸어갈 길 자체는 아닙니다. 복잡한 개념과 이름들을 모두 기억하지 못해도 괜찮습니다. 알아차림 하나로 늘 돌아올 수 있다면 충분합니다.

여기 쓰인 모든 것을 믿기보다는 당신의 삶에서 하나씩 실험해 보기를 바랍니다. 일상의 순간들 속에서, 사람들과의 만남 속에서, 고요한 성찰의 시간 속에서. 오직 당신이 살아 내며 발견한 진실만이 삶을 진정으로 변화시킬 수 있습니다.

감사한 것은 당신이 결코 혼자가 아니라는 사실입니다. 비록 각자의 속도로, 각자의 방식으로 나아가지만, 수많은 이들이 함께 이 여정 위에 있습니다. 때로는 앞서가고, 때로는 뒤따르며, 서로에게 길이 되어 주고 있습니다.

당신의 진실한 모습이 어둠 속에서 방향을 찾는 누군가에게 작은 등불이 되고, 당신의 고요한 현존이 지친 영혼에게

잠시 쉬어 갈 그늘이 되기를 바랍니다. 그것이 우리가 서로에
게 줄 수 있는 가장 귀한 선물입니다.

2025년 가을 차실에서

김선해

알아차림은 한 번의 사건이 아니라 반복되는 실천입니다.
책의 자기점검표를 정기적으로 활용하면,
시간에 따른 내면의 변화를 기록하고 돌아볼 수 있습니다.